ESSEN
GENI

Teuf
Sch

Dieses Werk berücksichtigt die neue deutsche Rechtschreibung.

Fotos und Gesamtherstellung: Naumann & Göbel Verlagsgesellschaft mbH, Köln

ISBN: 3-625-11093-8

ESSEN & GENIESSEN

Teuflisch Scharf

Kochen

Dieses Werk berücksichtigt die neue deutsche Rechtschreibung.

Fotos und Gesamtherstellung: Naumann & Göbel Verlagsgesellschaft mbH, Köln

ISBN: 3-625-11093-8

ESSEN & GENIESSEN

Teuflisch Scharf

Kochen

NAUMANN & GÖBEL

INHALTSVERZEICHNIS

DAS SALZ IN DER SUPPE

Der Duft der großen, weiten Welt durchzieht heute unsere Küchen. Ganz selbstverständlich würzen wir unsere Suppen nicht mehr nur mit Salz, sondern mit raffinierten Gewürzen wie Szetschuanpfeffer, Koriander, Kreuzkümmel, Ingwer und vielen anderen. Diese Fülle an Aromen gibt es heute gut und preiswert in fast jedem Supermarkt. Das war nicht immer so. Gewürze wurden früher mit Gold aufgewogen und waren unerschwinglicher Luxus für den normalen Bürger.

Ganz heiß auf scharfe Schoten

Es gibt weltweit mehr als 7000 verschiedene Sorten Gewürzpaprika. Fast so vielfältig wie das Aussehen, die Größe und die Schärfe der einzelnen Schoten, sind auch ihre Bezeichnungen. Die scharfen Schoten werden heute jedoch meist unter der Sammelbezeichnung „Chilis" zusammengefasst.
Im 15. Jahrhundert brachten die Spanier eine interessante Pflanze mit roten Früchten nach Europa. Die Azteken nannten sie „Chilli", was „rot" bedeutet und würzten damit pikante Gerichte. Die Spanier brachten die Schoten als „indianischen Pfeffer" nach Europa. Dort landeten die scharfen Pflänzchen zunächst nur als Zierde in Botanischen Gärten. Ihren Siegeszug traten die Schoten dann aber erst Jahrhunderte später von Ungarn aus an. Das in Liebe zu der scharfen Schote entflammte Balkanvolk gab ihr dann auch ihren Namen. Und seit dieser Zeit ist das osteuropäische Land Synonym für scharfen, feuerroten Paprika.
Mittlerweile werden Chilis fast überall auf der Welt angebaut und die Schärfeskala tendiert von mild-würzig bis höllisch-scharf.
Der eigentliche Scharfmacher ist ein Stoff namens Capsaicin und befindet sich hauptsächlich in den Trennwänden und Samen der Schoten.
Die meisten Chilis werden getrocknet und gemahlen angeboten. Je nach Samenanteil gibt es das Pulver in verschiedenen Schärfegraden und Farben. Edelsüßpulver ist angenehm mild und kräftig rot. Rosenpaprikapulver ist rotbraun und sehr scharf.

Die bekanntesten Chilis der süd- und mittelamerikanischen Küche sind:

Serranos, kleine, ziemlich scharfe Schoten, die frisch und eingelegt verwendet werden. Im Handel sind sie grün (unreif und etwas milder) und rot (reif und sehr scharf).

Jalapenos sind die bekanntesten und beliebtesten Chilischoten Mexikos. Sie haben einen moderaten, pikanten Geschmack, sind in unreifem Zustand dunkelgrün und leuchten in reifem Zustand in einem satten, einladenden Rot. Die reife, rote Schote kommt auch getrocknet und geräuchert unter dem Namen Chipotle in den Handel. Ihr Name setzt sich aus der Azteken-Bezeichung „Chil" und „Poctli" (geräuchert) zusammen.

Auch in der asiatischen Küche werden Chilis geschätzt. Es gibt sie in Gelb, Grün und Rot und je kleiner sie sind, desto schärfer ist ihr Geschmack. Da die Schärfe wie bereits erwähnt in den Kernen und Trennwänden sitzt, kann man die Würzung der Speisen selbst bestimmen, indem man diese Teile entfernt. Zusätzlich gilt die Regel: Werden frische Chilis länger mitgekocht, verlieren sie an Schärfe.

Inwieweit Chilis weltweit beliebt sind, zeigen die landestypischen Bezeichnungen:

Deutschland – Spanischer Pfeffer, Ungarischer Pfeffer, Teufelspfeffer, Beissbeere

Italien – Peperoni, Peperoncini, Peperone, Pimento

Frankreich – Poivre rouge, Piment fort, Poivre de Cayenne

Niederlande – Spaanse Peper

England – Red pepper, – Chili-pepper

Portugal – Piri-Piri, Pimento

Griechenland – Piperies

Slowenien – Sladka Paprika

Brasilien – Pimento doce

Thailand – Pisi hui

Indonesien – Cabai

Arabien – Fulful ahmar

China – Chang bing jiao

Wenn sie also bei einer Weltreise eine dieser Bezeichnungen auf der Speisekarte finden, seien Sie auf der Hut, denn es könnte höllisch scharf werden. So wurde noch in alten Gewürzbüchern vor diesem teuflisch-scharfen Gewächs gewarnt und man war sicher, dass bestimmte Gewürze nur aus Luzifers Garten selbst stammen konnten. Umgekehrt wurde man bei unseriösem Lebenswandel dazu verbannt, täglich mehr als die bekömmlichen 12 „Körnlin" in Luzifers Nachbarschaft zu verzehren. „Man soll aber dessen nicht über zwölf Körnlin auf einmal einnehmen, sonst bringt es Schaden und macht den Menschen ganz toll. Jedoch so man Honigwasser darauf trinkt, so wird ihm wieder geholfen."

absolute

Teufelspfeffer oder aus Luzifers Küchengarten

„Teufelsinsel" wurde die ehemalige Sträflingsinsel Cayenne vor der Nordküste des südamerikanischen Kontinents genannt. Als „Cayennepfeffer" bezeichnet man auch das höllisch scharfe Gewürzpulver, das aus getrockneten Chilischoten gewonnen wird und lange war „Teufelspfeffer" gängige Bezeichnung für Chilis generell. Zwei irreführende Namen, da diese Gewürze nichts mit den uns bekannten kleinen, runden Pfefferkörnern gemein haben. Der Name verweist aber indirekt auf einen noch viel größeren Irrtum: Auf der Suche nach den kostbaren Gewürzen Indiens gelangte Christoph Kolumbus an die Küste Amerikas und brachte von dort nicht teuren Pfeffer mit, sondern teuflisch scharfe Chilischoten.
An diesem legendären Irrtum der Weltgeschichte wird deutlich, welche Mühen man für ein paar Gewürze auf sich nahm. Man begab sich auf gefahrenvolle Reisen in unbekannte Länder, die damals als am Rand der Hölle gelegen galten. Als Belohnung winkten dort exotische Gewürze, die in Europa mit Gold aufgewogen wurden. Kein Wunder also, dass man sich dafür bis ans Ende der Welt begab, dort, wo sprichwörtlich „der Pfeffer wächst".
Heute sind die würzigen Kostbarkeiten für jedermann erschwinglich und beinahe überall zu kaufen. Dennoch haben sie bis heute nichts von ihrem Zauber verloren. Ihr Duft und Aroma entführen nach wie vor in fremde Welten und geben unseren Speisen einen Hauch von Exotik.

Hier wollen wir nun einige Gewürze kurz vorstellen:

Pfeffer
Kommt von der Insel Sansibar, aus Indien und Indonesien (Sumatra, Borneo).
Als Pfefferkörner bezeichnet man die erbsengroßen Früchte des Pfefferstrauches. Der Strauch ähnelt mit seinen schlanken, rankenden Zweigen dem Weinstock. Er blüht zweimal im Jahr und an den Enden der Ranken entstehen Beeren, die erst grün sind und dann scharlachrot werden. Die grünen Beeren werden getrocknet und liefern die runzligen schwarzen Körner. Weißer Pfeffer wird aus fast reifen Beeren gewonnen, die gewässert und solange gerieben werden, bis sie schön weiß und glatt sind. Von einem Strauch werden gleichzeitig schwarze und weiße Körner geerntet.

Roter Pfeffer
Ist eigentlich kein Pfeffer. Es handelt sich dabei um die getrockneten Beeren des Peruanischen Pfefferbaums. Ihre brüchigen Schalen umhüllen einen kleinen Samen, ihr Geschmack ist eher aromatisch als scharf.

Szetschuanpfeffer
Auch Fagara genannt, stammt aus China. Die getrockneten, rotbraunen Beeren sind rau und stachelig. Vor ihrer Verwendung werden sie in einer Pfanne ohne Fett geröstet und anschließend im Mörser oder einer Pfeffermühle zermahlen.

Piment
Die scharf-würzigen Beeren des Piment- oder Nelkenpfefferbaumes erinnern geschmacklich an Muskat, Zimt und Gewürznelken. Sie sind pfefferkorngroß und leicht runzlig.

Anis
Ist ein sehr intensives, herb-süßes Gewürz. Es kann andere Gewürze leicht überdecken und entfaltet schon bei sparsamster Dosierung seinen vollen Geschmack.

Gewürznelken
Sehen aus wie kleine, dunkle Nägel und sind eines der ältesten Gewürze der Welt. Die getrockneten Blütenknospen des immergrünen Nelkenbaumes sind würzig und feurig-scharf.

Ingwer
Die frische Wurzelknolle hat einen noch intensiveren brennend-scharfen Geschmack als das Pulver. Empfehlenswert sind auch eingelegte oder kandierte Wurzelstücke.

Kardamom
Die dreikantigen, grünen Fruchtkapseln der Kardamompflanze enthalten würzig-herbe Samenkörner. Kardamom wird in ganzen Kapseln, als Samen oder gemahlen angeboten.

Koriander
Ähnelt im Aussehen glatter Petersilie. Die zarten Blättchen besitzen ein ungewöhnlich herbwürziges Aroma. Die pfeffergrossen Samenkörner erinnern im Geschmack an Muskat, Zimt und Orange.

Kreuzkümmel
Wird auch Cumin genannt und seine Samenkörnchen ähneln dem gewöhnlichen Kümmel.
Im Geschmack ist Kreuzkümmel aber wesentlich intensiver. Er war bereits im alten Ägypten bekannt und wird auch in der Bibel erwähnt.

Luzifers Würzmischungen

Barbecue-Spice
Eine pikante Mischung, speziell für Grill- und Pfannengerichte in unterschiedlicher Schärfe.
Enthalten sind u. a. Knoblauch, Paprika, Chilipulver, Senfpulver, Nelken, Salz, Pfeffer, Zucker, Tomatenmark.

Chiliöl
Kann man fertig kaufen oder selber machen (siehe Rezeptteil).

Chilisauce
Gibt es in Asialäden in verschiedenen Geschmacksrichtungen, wie z. B. scharf, süß-sauer oder mit Bohnensauce.

Curry
Eine indische Gewürzmischung aus bis zu 30 Gewürzen mit scharfem Geschmack. Hauptbestandteile sind u. a. Chilis, Ingwer, Nelken, Koriander, Kurkuma, Kardamom, Piment, Pfeffer, Muskat.

Indische Currypasten
Haben einen ganz typischen Geschmack nach Kreuzkümmel, der nie fehlen darf.

Thai-Currypasten
Werden in Rot, Grün und Gelb angeboten und sind eine Mischung aus Chilis, Kräutern und Gewürzen. Eines haben alle gemeinsam, sie sind teuflisch scharf.

Indonesische Würzpasten
Sambals genannt, werden aus frischen, gehackten, roten Chilischoten, Salz und Essig gemischt. Höllisch scharf ist Sambal oelek. Für Einsteiger gibt es auch mildere Versionen (Sambal Badjak, Sambal Trassi, Sambal Nasi goreng u. a.) im Asialaden.

Harissa
Ist eine typisch nordafrikanische Würzpaste, die traditionell Cous-Cous-Gerichten und Eintöpfen den letzten Schärfepfiff verleiht. Sie besteht aus frischen, roten, Chilis, Knoblauch, Essig und verschiedenen Gewürzen wie z. B. Kreuzkümmel und Koriander.

Teuflische Würzsaucen

Worcestersauce
Bestehend aus Piment, Gewürznelken, Pfeffer, Curry, Salz, Zucker, Sherry und Weinessig.

Tomaten-Gewürz-Ketchup
Bestehend aus Tomaten, Zucker, Würzmitteln.

Tabasco-Sauce
Bestehend aus Cayennepfeffer, Tomaten, Salz und Essig.

Sojasauce
Bestehend aus Sojabohnen und Gewürzen.

Salsa
Bestehend aus Chilis, Knoblauch, Tomaten.

Die Einflüsse der verschiedenen Landesküchen auf unsere „scharfe" Küche

Die wohl am häufigsten verwendete Zutat in der scharfen Küche ist neben der Chilischote die Chilisauce. Sie stammt aus der indianischen Küche Mexikos und wurde dort schon lange vor Kolumbus hergestellt. Heute gibt es weltweit wahrscheinlich so viele verschiedene Chilisaucen wie es Köche gibt. Jeder hat sein eigenes Rezept. Wer nicht auf die im Handel erhältlichen Saucen zurückgreifen möchte, stellt seine eigene Chilisauce her, die er nach seinen Vorstellungen immer wieder variieren kann.

Hier zwei kleine Grundrezepte für eine scharfe und eine etwas mildere Chilisauce:

Gekochte Chilisauce

600 g Fleischtomaten
2 Jalapeno-Chilis
1 Zwiebel
2 El Olivenöl
2 Knoblauchzehen
1/2 Bund Koriander
Salz
Pfeffer

Die Tomaten waschen, kreuzweise einritzen, kurz in siedendes Wasser tauchen, abschrecken, enthäuten und in Würfel schneiden. Die Chilischoten waschen und fein hacken. Die Zwiebel schälen und in kleine Würfel schneiden. Das Öl erhitzen und die Zwiebeln mit den Chilis und den Tomaten darin andünsten. Die Knoblauchzehen schälen und dazupressen. Den Koriander waschen, trocknen, fein hacken und dazugeben. Alles kräftig mit Salz und Pfeffer abschmecken. Zum Schluss das Ganze mit dem Schneidestab des Handrührgerätes pürieren.

Milde Chilisauce

750 g Tomaten
2 Schalotten
1 kleine rote Chilischote
100 g grüne Paprikaschoten
2 El Chiliöl
Saft einer halben Limette
2 Knoblauchzehen
1 Bund Petersilie
Salz
Pfeffer
Paprikapulver

Die Tomaten waschen, kreuzweise einritzen, kurz in siedendes Wasser tauchen, abschrecken, enthäuten und in Würfel schneiden. Die Schalotten schälen und fein hacken. Die Chilischote waschen und fein hacken. Die Paprikaschoten waschen, entkernen, und fein würfeln. Das Öl in einem Topf erhitzen und alles darin andünsten. Den Limettensaft unterrühren. Die Knoblauchzehen schälen und dazupressen. Die Petersilie waschen, trocknen, fein hacken und dazugeben. Alles mit Salz, Pfeffer und Paprikapulver abschmecken.

Neben den mexikanischen Chilisaucen sind auch die verschiedenen asiatischen Chilisaucen, wie z. B. die Sambals, nicht aus der scharfen Küche wegzudenken. Diese stammen ursprünglich aus der indonesischen Küche und werden als Würzmittel in die Speisen eingerührt oder als Dip dazu serviert. In der Asienküche ist es üblich, Sambals in kleinen Schälchen separat zu servieren. So kann jeder sein Gericht nach Belieben damit abschmecken. Auch hier möchten wir Ihnen verschiedene Sambals vorstellen:

Sambal Rica

3 rote Peperoni
2 kleine grüne Chilis
1 kleines Stück Ingwerknolle
1 Tomate
1 Stengel Zitronengras
1 Zitronenblatt (Kaffir-Limetten-Blatt)
Salz

Die Peperoni und die Chilis waschen und grob zerkleinern. Den Ingwer schälen und ebenfalls grob zerkleinern. Die Tomate waschen und in Würfel schneiden. Das Zitronengras klein hacken. Das Zitronenblatt ebenfalls klein hacken. Alles mit dem Mörser klein mahlen. Zum Schluss das Ganze mit Salz abschmecken.

Soja-Sambal

5 kleine rote Chilis
1 Schalotte
1 Tomate
Zitronensaft
200 ml süße Sojasauce
2 Knoblauchzehen
Salz

Die Chilischoten waschen und fein hacken. Die Schalotten schälen und ebenfalls fein hacken. Die Tomate waschen und in Würfel schneiden. Alles mit dem Zitronensaft und der Sojasauce verrühren. Die Knoblauchzehen schälen und dazupressen. Alles mit Salz abschmecken und ca. 2 Stunden durchziehen lassen.

Sambal mit Nüssen

2 Schalotten
2 Knoblauchzehen
5 rote Peperoni
100 g Cashewkerne
1 Stengel Zitronengras
1 kleines Stück Ingwerknolle
1/4 Bund Koriander
Limettensaft
3 El Kokosmilch

Die Schalotten schälen und grob zerkleinern. Die Knoblauchzehen schälen und grob zerkleinern. Die Peperoni waschen und fein hacken. Die Cashewkerne und das Zitronengras grob hacken. Den Ingwer schälen und zerkleinern. Den Koriander waschen, trocknen und die Blättchen abzupfen. Alles mit dem Mörser mahlen. Den Limettensaft und die Kokosmilch dazugeben. Das Ganze anschließend ca. 2 Stunden durchziehen lassen.

KLEINE TEUFELEIEN

Die kleine kulinarische Höllenfahrt beginnt zunächst mit einem sanften Angriff auf die Geschmacksnerven. Gewürzmischungen, Dips, Saucen, Essig und Würzpasten eröffnen den teuflischen Rezeptreigen. Würzneulinge wenden die angegebenen Scharfmacher noch vorsichtig an. Für die mutigen Firegirls und -boys gilt, es darf ruhig auch ein bisschen mehr sein. Übrigens haben diese höllisch scharfen Delikatessen nicht nur einen geschmacklichen, sondern auch einen gesunden Effekt. Sie sorgen beispielsweise bei heißem Wetter dafür, dass der Kreislauf nicht schlappmacht. Womit auch erklärt ist, weshalb besonders in heißen Ländern scharfe Gewürze bevorzugt werden.

TOMATEN-OLIVEN CROSTINI

Zubereitungszeit: ca. 35 Min.

6 g E • 44 g F • 31 g KH •
575 kcal/2418 kJ

Für 4 Personen

4 Eiertomaten
1 Fleischtomate
1 Tl Meersalz
2 grüne Chilis
3 Knoblauchzehen
1 Tl frische Thymianblättchen
1 Tl frische Oreganoblättchen
1 Tl frische Basilikumblättchen
4 El Olivenöl
250 g schwarze Oliven
Pfeffer aus der Mühle
2 Baguette-Brötchen
3 El Knoblauchöl

1 Die Tomaten waschen, trocknen, halbieren, den Stielansatz entfernen, vierteln und anschließend in kleine Würfel schneiden.

2 Die Tomatenwürfel mit dem Salz in eine Schüssel geben und mischen. Dann im Kühlschrank ca. 15 Minuten ziehen lassen.

3 Die Chilischoten waschen, trocknen, halbieren, die Kerne entfernen und fein hacken. Die Knoblauchzehen schälen und fein hacken.

4 Die Kräuter waschen, trocknen und die Blättchen abzupfen. Das Öl in einer Pfanne erhitzen und die Chilischoten mit dem Knoblauch darin andünsten.

5 Die Kräuter dazugeben. Die Oliven in einem Sieb abtropfen lassen, halbieren, die Kerne entfernen und das Fruchtfleisch in Scheiben schneiden.

6 Die Oliven und die Tomaten zum Knoblauch geben und alles zusammen ca. 8 Minuten bei schwacher Hitze köcheln lassen. Alles mit Salz und Pfeffer abschmecken.

7 Die Baguette-Brötchen in Scheiben schneiden. Das Knoblauchöl in einer Pfanne erhitzen und die Brötchenscheiben darin goldbraun rösten. Die Tomaten-Olivenmasse mit dem Brot auf Tellern anrichten und servieren.

CHILI-GURKEN-CHUTNEY

Zubereitungszeit: ca. 30 Min.

39 g E • 0,7 g F • 11 g KH • 494 kcal/2074 kJ

Für 4 Personen

1 kg Schmorgurken
250 g Schalotten
20 g frische Ingwerknolle
1/4 Bund Dill
3 rote Chilis
200 ml Weißweinessig
400 g Zucker
1 El Senfkörner
Salz
Pfeffer aus der Mühle
1 kleines Baguette-Brot
3 El Olivenöl

1 Die Gurken waschen und schälen. Anschließend halbieren, der Länge nach durchschneiden und die Kerne mit einem Teelöffel herausschaben.

2 Die Gurkenhälften längs halbieren und in Streifen schneiden. Die Schalotten schälen und in Würfel schneiden. Den Ingwer schälen und reiben. Den Dill waschen, trocknen und fein hacken. Die Chilischoten waschen, trocknen, halbieren, die Kerne entfernen und in Streifen schneiden.

3 200 ml Wasser mit dem Essig in einem Topf aufkochen lassen. Die Chilis, Schalotten, Ingwer, Zucker und die Senfkörner dazugeben. Die Gurken und den Dill zufügen, salzen und pfeffern und alles ca. 3 Minuten köcheln lassen. Das Ganze anschließend erkalten und ca. 2 Stunden durchziehen lassen.

4 Das Baguette in Scheiben schneiden. Das Öl in einer Pfanne erhitzen und die Baguettescheiben darin goldbraun rösten. Das Chutney in Schälchen füllen und dazu servieren.

GEWÜRZ-KETCHUP

Zubereitungszeit: ca. 1 1/2 Std.

8 g E • 31 g F • 20 g KH • 418 kcal/1757 kJ

Für 4 Personen

500 g rote Paprikaschoten
500 g grüne Paprikaschoten
4 rote Peperoni
700 g rote Zwiebeln
4 Knoblauchzehen
6 El Sesamöl
3 Pimentkörner
2 Wacholderbeeren
3 Nelken
1 Msp. Kreuzkümmel
Rosenpaprikapulver
250 ml Fleischbrühe
4 El Rotweinessig

1 Die Paprikaschoten waschen, trocknen, halbieren, die Kerne entfernen und in kleine Stücke schneiden.

2 Die Peperoni waschen, trocknen, halbieren, die Kerne entfernen und fein hacken. Die Zwiebeln schälen und in Würfel schneiden.

3 Die Knoblauchzehen schälen und fein hacken. Das Öl in einem Topf erhitzen und die Zwiebeln mit den Paprikastücken, den Peperoni und dem Knoblauch darin andünsten.

4 Alles mit den Gewürzen abschmecken und mit der Fleischbrühe und dem Essig angießen.

5 Das Ganze zugedeckt bei milder Hitze ca. 1 Stunde köcheln lassen. Anschließend alles durch ein Sieb streichen und noch einmal mit den Gewürzen abschmecken.

ASIA-PILZPASTE

Zubereitungszeit: ca. 45 Min.

8 g E • 17 g F • 36 g KH •
396 kcal/1664 kJ

Für 4 Personen

750 g Austernpilze
750 g Shiitake-Pilze
4 Zwiebeln
3 kleine rote Chilis
200 g Suppengrün TK
4 El Pfefferbutter
250 ml Reiswein
250 ml Pilzfond
Salz
Cayennepfeffer
Rosenpaprikapulver
Sojasauce

1 Die Pilze waschen, trocknen und die größeren Exemplare klein schneiden. Die Stiele entfernen. Die Zwiebeln schälen und in Würfel schneiden.

2 Die Chilischoten waschen, trocknen, den Stiel entfernen und fein hacken. Das Suppengrün bereitstellen.

3 Die Pfefferbutter in einer Pfanne erhitzen und Pilze, Zwiebeln und Chilis darin andünsten. Nach und nach den Reiswein und den Pilzfond angießen.

4 Das Suppengrün dazugeben. Mit Salz, Cayennepfeffer, Rosenpaprika und der Sojasauce abschmecken. Alles ca. 30 Minuten lang einkochen lassen.

5 Das Ganze vom Herd nehmen, mit dem Schneidestab des Handrührgerätes pürieren und alles noch einmal mit den Gewürzen abschmecken.

DIPS „TRIO INFERNALE“

Das indische Gewürz Curry besteht aus: Kurkuma, Cayennepfeffer, Nelken, Ingwer, Kardamom, Koriander, Kümmel, Muskat, Piment, Zimt.

Die Wasabi-Wurzel stammt aus Japan und hat einen beißend scharfen Geschmack ähnlich dem hiesigen Meerrettich. Sie wird gerieben oder zur Paste verarbeitet zu Gerichten wie Sushi serviert.

Senf ist eine Paste aus gemahlenen Senfkörnern, Essig, Salz, Pfeffer, Zucker und Gewürzen wie Meerrettich und Zimt. Es gibt ihn in den Geschmacksrichtungen von mild-scharf bis süß.

Die Frische von Eiern lässt sich mit einem kleinen Trick feststellen: Alte Eier schwimmen in Wasser immer an der Oberfläche, während frische sinken.

Zubereitungszeit: ca. 35 Min.

19 g E • 80 g F • 36 g KH • 987 kcal/4147 kJ

Für 4 Personen

Für den Curry-Dip:
6 rote Zwiebeln
200 g Äpfel
2 El Grillbutter
3 El scharfes Currypulver
Saft einer halben Orange
150 g Schmand
1 Mango
Salz, Tabasco
Für den Wasabi-Dip:
3 Scheiben Toastbrot
450 g Schmand
Saft einer halben Zitrone
1 Tl Wasabi-Paste
1 Knoblauchzehe
1 Tl geriebener Meerrettich
Salz, Pfeffer
Für den Senf-Gemüse-Dip:
6 Eier
100 g Frühlingszwiebeln
2 El scharfer Senf
2 El Weißweinessig
6 El Knoblauchöl
Salz, Pfeffer

1 Für den Curry-Dip die Zwiebeln schälen und würfeln. Die Äpfel schälen, halbieren, das Kerngehäuse entfernen, vierteln und würfeln.

2 Die Butter in einem Topf erhitzen und die Zwiebeln mit den Äpfeln darin andünsten. Alles mit dem Currypulver bestäuben, dann den Orangensaft unterrühren. Ca. 5 Minuten schmoren lassen.

3 Den Schmand unter den Dip rühren und anschließend alles mit dem Schneidestab des Handrührgerätes pürieren.

4 Die Mango schälen, entkernen und in Würfel schneiden. Die Würfel dann unter den Dip rühren und alles mit Salz und Tabasco abschmecken.

5 Für den Wasabi-Dip das Toastbrot entrinden, mit einem scharfen Messer fein hacken und mit dem Schmand verrühren. Den Zitronensaft und die Wasabi-Paste unterrühren.

6 Den Knoblauch schälen und durchpressen. Den Knoblauch dann mit dem geriebenen Meerrettich unter den Dip rühren und mit Salz und Pfeffer abschmecken.

7 Für den Senf-Gemüse-Dip die Eier in kochendem Wasser hart kochen, anschließend abgießen, abschrecken, pellen und fein hacken.

8 Die Frühlingszwiebeln putzen, waschen und in schmale Ringe schneiden. Den Senf mit dem Weißweinessig und dem Knoblauchöl verrühren.

9 Die Zwiebeln und die gehackten Eier unter die Senfmischung rühren und alles mit Salz und Pfeffer pikant abschmecken. Den Dip ca. 1 Stunde ziehen lassen und servieren.

TIPP

Diese Dips passen besonders gut zu gefüllten, gegrillten Peperoni. Wer das Ganze jedoch etwas milder mag, serviert die Dips zu gefüllten und gegrillten kleinen Gemüsepaprikaschoten.

KNOBLAUCH-KÄSE-CREME

Zubereitungszeit: ca. 1 1/2 Std.

10 g E • 14 g F • 9 g KH •
217 kcal/913 kJ

Für 4 Personen

2 große Knoblauchknollen
1 rote Peperoni
350 g Ricotta
Salz
bunter Pfeffer aus der Mühle
2 El Chilisauce
Alufolie zum Rösten

1 Den Backofen auf 180 °C vorheizen. Die Spitzen der Knoblauchknollen abschneiden. Anschließend die Knollen jeweils in etwas Alufolie einwickeln.

2 Die eingewickelten Knoblauchknollen im Backofen auf der mittleren Einschubleiste ca. 50 Minuten backen. Die Peperoni waschen, halbieren, die Kerne entfernen und fein hacken.

3 Den Ricotta in eine Schüssel geben und mit Salz, Pfeffer und der Chilisauce verrühren. Die Peperoni dazugeben.

4 Die Knoblauchknollen aus dem Backofen nehmen und etwas abkühlen lassen. Sie lassen sich jetzt sehr einfach schälen. Die einzelnen Knoblauchzehen mit einer Gabel zerdrücken.

5 Den Knoblauch unter die Ricottacreme rühren und alles noch einmal mit Salz und Pfeffer abschmecken. Dazu passen Crissini.

GRAPEFRUIT-RELISH

Zubereitungszeit: ca. 15 Min.
(plus Zeit zum Marnieren)

1 g E • 0,4 g F • 19 g KH •
98 kcal/412 kJ

Für 4 Personen

4 rosa Grapefruits
3 Frühlingszwiebeln
2 grüne Chilis
1 El Ahornsirup
1 El süßer, körniger Senf
6 El Apfelessig
Tabasco
80 g rote Johannisbeeren

1 Die Grapefruits schälen, so dass auch die weiße Haut entfernt wird. Dann mit einem scharfen Messer die einzelnen Filets herausschneiden.

2 Die Frühlingszwiebeln putzen, waschen und in dünne Ringe schneiden. Die Chilischoten waschen, trocknen, halbieren, die Kerne entfernen und anschließend fein hacken.

3 Den Ahornsirup mit dem Senf und dem Apfelessig in eine Schüssel geben und verrühren. Mit Tabasco abschmecken.

4 Die Grapefruitfilets mit den Frühlingszwiebeln und den Chilischoten in die Marinade geben und alles ca. 5 Stunden ziehen lassen.

5 Die Johannisbeeren waschen und trocknen. Das Relish auf Tellern anrichten und mit einigen Johannisbeerrispen garnieren.

GRÜNE PFEFFERSAUCE

Zubereitungszeit: ca. 35 Min.

39 g E • 36 g F • 33 g KH •
434 kcal/1822 kJ

Für 4 Personen

2 Knoblauchzehen
1 Schalotte
1/2 Bund Schnittlauch
1/2 Bund Basilikum
1/2 Bund Petersilie
1/2 Bund Kerbel
2 El Olivenöl
1 Tl Tomatenmark
200 ml Weißwein
1 El grüne Pfefferkörner, eingelegt
4 El Worcestersauce
1 El scharfer Senf
Salz

1 Die Knoblauchzehen schälen und fein hacken. Die Schalotte schälen und in Würfel schneiden.

2 Die Kräuter waschen und trocknen. Den Schnittlauch in Röllchen schneiden. Die Petersilie, den Basilikum und den Kerbel fein hacken.

3 Das Öl in einer Pfanne erhitzen und den Knoblauch und die Schalotte darin andünsten. Alles ca. 2 Minuten ziehen lassen.

4 Die Kräuter und das Tomatenmark dazugeben. Mit dem Weißwein ablöschen und bei milder Hitze ca. 5 Minuten ziehen lassen.

5 Die Pfefferkörner abtropfen lassen und mit einer Gabel zerdrücken. Dann zur Sauce geben und die Worcestersauce und den Senf unterrühren. Die Pfeffersauce mit Salz abschmecken, etwas abkühlen lassen und servieren.

GEWÜRZTER TEQUILA-ESSIG

Zubereitungszeit: ca. 20 Min.

0,1 g E • 0 g F • 0,1 g KH •
128 kcal/539 kJ

Für 4 Personen

2 Zweige Rosmarin
2 kleine Chilis
10 weiße Pfefferkörner
200 ml Tequila
100 ml Essig-Essenz

1 Den Rosmarin waschen, trocknen und die einzelnen Nadeln abzupfen. Die Chilischoten waschen.

2 Die Pfefferkörner mit dem Rosmarin und den Chilischoten in eine Flasche geben.

3 Den Tequila mit dem Essig und 200 ml Wasser verrühren und ebenfalls in die Flasche füllen.

4 Die Flasche verschließen und ca. 5 Tage durchziehen lassen. Dann das Ganze durch einen Filter gießen. Jetzt kann der Essig ganz nach Geschmack weiterverarbeitet werden.

SUPPEN-INFERNO

Ein wahrhaft höllisches Szenario bietet sich uns bei der nächsten Station unserer kulinarischen Höllentour: Heiße Feuerglut und darauf schwarze, brodelnde Kessel mit brennend heißen Suppen und Eintöpfen. Würzige Dämpfe steigen empor und geheimnisvolle Düfte betören die Sinne.
Luzifer bittet zu Tisch und alle kommen.

JAPANISCHE REISSUPPE

Zubereitungszeit: ca. 35 Min.

26 g E • 226 g F • 33 g KH • 469 kcal/1971 kJ

Für 4 Personen

200 g Brokkoli
200 g Möhren
200 g Zuckerschoten
4 Zwiebeln
2 Peperoni
1 rote Paprikaschote
3 El gewürztes Sesamöl
1 l Asiafond FP
2 El Sesamsaat
200 g gekochter Reis
150 g Surimi
Salz
Pfeffer
Sojasauce
Ingwerpulver
Knoblauchpulver
Chilisauce

1 Den Brokkoli putzen, waschen und in Röschen teilen. Die Möhren waschen, schälen und in Scheiben schneiden. Die Zuckerschoten waschen, trocknen und in Stücke schneiden.

2 Die Zwiebeln schälen und in Ringe schneiden. Die Peperoni waschen, halbieren, die Kerne entfernen und in Ringe schneiden.

3 Die Paprikaschote waschen, halbieren, die Kerne entfernen und in Streifen schneiden. Das Öl in einem Topf erhitzen und das Gemüse darin andünsten. Alles ca. 4 Minuten ziehen lassen.

4 Das Ganze mit dem Asiafond angießen und weitere 8 Minuten bei schwacher Hitze ziehen lassen.

5 Die Sesamsaat in eine Pfanne geben und ohne Fett rösten. Das Surimi in Stücke schneiden. Kurz vor Ende der Garzeit den Reis und das Surimi zur Suppe geben und darin erwärmen.

6 Die Suppe mit Salz, Pfeffer, Sojasauce, Ingwerpulver, Knoblauchpulver und Chilisauce kräftig abschmecken.

7 Die Suppe auf Tellern anrichten und mit der Sesamsaat bestreut servieren.

SLOWENISCHER TOPF

Zubereitungszeit: ca. 1 1/4 Std.

43 g E • 42 g F • 32 g KH •
795 kcal/3339 kJ

Für 4 Personen

400 g Schweinefleisch
400 g Lammschulter
400 g Kartoffeln
200 g Möhren
200 g Staudensellerie
200 g Weißkohl
250 g rote Paprikaschoten
2 Zwiebeln
4 Knoblauchzehen
4 El Öl
300 ml Weißwein
500 ml Gemüsebrühe
4 El Paprikamark
Salz
Pfeffer
Paprikapulver
Chilisauce

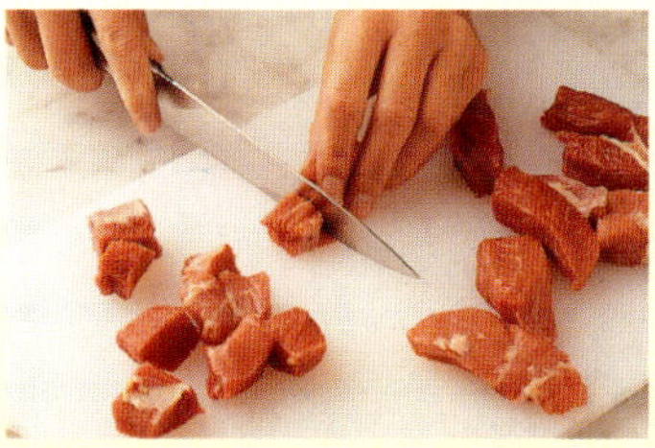

1 Das Fleisch waschen, trocknen und in Würfel schneiden. Die Kartoffeln waschen, schälen und in Würfel schneiden. Die Möhren waschen, schälen und ebenfalls würfeln.

2 Staudensellerie waschen, trocknen und in Stücke schneiden. Den Weißkohl putzen, in Streifen schneiden und waschen. Die Paprikaschoten waschen, halbieren, die Kerne entfernen und in Streifen schneiden. Die Zwiebeln schälen und in Würfel schneiden. Die Knoblauchzehen schälen und durchpressen.

3 Das Öl in einem Topf erhitzen und das Fleisch darin anbraten. Nach ca. 5 Minuten das Gemüse dazugeben. Den Weißwein und die Gemüsebrühe angießen.

4 Das Paprikamark unterrühren. Die Suppe mit Salz, Pfeffer, Paprikapulver und Chilisauce abschmecken und bei schwacher Hitze ca. 50 Minuten im geschlossenen Topf ziehen lassen.

MITTERNACHTS-EINTOPF

Zubereitungszeit: ca. 45 Min.

39 g E • 70 g F • 40 g KH • 1025 kcal/4308 kJ

Für 4 Personen

150 g Wildreismischung
500 ml Gemüsebrühe
600 g Schweineschulter ohne Knochen
800 g bunte Paprikaschoten
3 Zwiebeln
3 Knoblauchzehen
4 kleine Peperoni
4 El Butterschmalz
Salz, Pfeffer
1 l Rinderfond
100 ml Rotwein
1/4 Bund Thymian
3 El Paprikamark
Rosenpaprikapulver

1. Die Wildreismischung in einem Topf ohne Fett anrösten. Mit der Gemüsebrühe ablöschen und ca. 15 Minuten bissfest garen, dann abgießen.

2. Das Fleisch waschen, trocknen und in Streifen schneiden. Die Paprikaschoten waschen, halbieren, die Kerne entfernen und in Rauten schneiden.

3. Die Zwiebeln schälen und in Ringe schneiden. Die Knoblauchzehen schälen und fein hacken. Die Peperoni waschen, halbieren, die Kerne entfernen und in Streifen schneiden.

4. Butterschmalz in einem Topf erhitzen und das Fleisch darin anbraten. Mit Salz und Pfeffer würzen. Das Ganze anschließend mit dem Rinderfond und dem Rotwein ablöschen.

5. Thymian waschen, trocknen und die Blättchen abzupfen. Mit dem Paprikamark und dem Gemüse in die Suppe geben und alles mit Salz, Pfeffer und Paprikapulver abschmecken. Die Suppe bei schwacher Hitze ca. 35 Minuten köcheln lassen. Kurz vor Ende der Garzeit den Reis zugeben und mit erhitzen.

ERBSEN-CURRY-SUPPE

Zubereitungszeit: ca. 35 Min.

9 g E • 40 g F • 15 g KH •
484 kcal/2033 kJ

Für 4 Personen

200 g Bacon
500 g Zucchini
5 Knoblauchzehen
Salz
Pfeffer
1 Chilischote
1 l Gemüsebrühe
Currypulver
400 g Erbsen TK
1/4 Bund glatte Petersilie

1 Den Bacon in Streifen schneiden. Die Zucchini waschen und in Stifte schneiden.

2 Die Knoblauchzehen schälen und fein hacken. Den Bacon in einer Pfanne auslassen und die Zucchini mit dem Knoblauch darin andünsten.

3 Alles mit Salz und Pfeffer kräftig abschmecken. Die Chilischote waschen, trocknen, fein hacken und zu den Zucchini geben.

4 Alles mit der Gemüsebrühe ablöschen, mit Currypulver abschmecken und das Ganze ca. 15 Minuten bei milder Hitze köcheln lassen.

5 Kurz vor Ende der Garzeit die Erbsen zur Suppe geben. Die Petersilie waschen, trocknen und die einzelnen Blättchen abzupfen. Die Suppe auf Teller verteilen und mit der Petersilie bestreut servieren.

OCHSENSCHWANZSUPPE

Suppengrün setzt sich aus Möhren, Lauch, Petersilienwurzel oder Blattpetersilie und einem Stück Knollensellerie zusammen. Oft wird es durch Zwiebeln und Gewürze wie Nelken und Lorbeerblätter ergänzt.

Die Farben der Paprikaschoten geben den jeweiligen Reifegrad wieder. So entwickelt sich aus einer grünen Paprika eine gelbe oder rote.

Rosenscharfes Paprikapulver ist besonders scharf, da hier die ganze Frucht einschließlich der Samen und Scheidewände vermahlen wurde.

Frühlingszwiebeln werden inzwischen das ganze Jahr über angeboten. Die grünen Triebe haben einen sehr intensiven Geschmack und finden in unserer Küche immer mehr Anklang.

Zubereitungszeit: ca. 1 1/2 Std.

41 g E • 41 g F • 10 g KH •
652 kcal/2740 kJ

Für 4 Personen

1 Ochsenschwanz (ca. 1 kg)
4 rote Zwiebeln
1 Bund Suppengrün
1 rote Paprikaschote
2 rote Chilis
4 El Öl, Salz, Pfeffer
Rosenpaprikapulver
1 l Gemüsebrühe
250 ml Rotwein
1 Bund Frühlingszwiebeln
Chilisauce

1

Das Fleisch waschen, trocknen und in Stücke hacken. Die Zwiebeln schälen und in Würfel schneiden. Das Suppengrün putzen, waschen und in Stücke schneiden. Die Paprikaschote waschen, halbieren, die Kerne entfernen und in Streifen schneiden. Die Chilischoten waschen, halbieren, die Kerne entfernen und fein hacken.

2

Das Öl in einem Topf erhitzen und das Fleisch darin anbraten. Ca. 5 Minuten ziehen lassen. Das Fleisch mit Salz, Pfeffer und Paprikapulver würzen. Dann mit der Gemüsebrühe und dem Rotwein angießen. Das Gemüse dazugeben und das ganze zugedeckt ca. 1 Stunde bei schwacher Hitze ziehen lassen. Die Frühlingszwiebeln putzen, waschen und in Ringe schneiden.

3

Die Frühlingszwiebeln in die Suppe geben und alles weitere 8 Minuten garen lassen. Alles noch einmal mit Salz, Pfeffer, Paprikapulver und etwas Chilisauce abschmecken. Vor dem Servieren das Fleisch vom Knochen lösen und die Suppe pürieren.

TIPP

Ochsenschwanz ist ein festes Muskelfleisch. Falls man also nicht über sehr gutes Küchenwerkzeug verfügt, ist es ratsam, den Ochsenschwanz beim Metzger bereits geschnitten zu bestellen.

KARTOFFEL-LACHS-TOPF

Zubereitungszeit: ca. 30 Min.

39 g E • 21 g F • 34 g KH •
563 kcal/2365 kJ

Für 4 Personen

500 g Kartoffeln
1 Salatgurke
4 Stangen Staudensellerie
2 getrocknete Chilis
2 Bund Frühlingszwiebeln
1 l Hummerfond
200 ml Weißwein
500 g frischer Lachs
Zitronensaft
2 El Chilisauce
Salz
Pfeffer
Rosenpaprikapulver
1 Tl Hummerpaste

1 Die Kartoffeln waschen, schälen und in Würfel schneiden. Die Salatgurke waschen, halbieren, die Kerne entfernen und in Würfel schneiden.

2 Staudensellerie putzen, waschen und in Stücke schneiden. Die Chilischoten mit einem Gabelrücken zerdrücken.

3 Die Frühlingszwiebeln putzen, waschen und in Ringe schneiden. Den Hummerfond und den Weißwein in einem Topf erhitzen und das Gemüse und den Chili darin ca. 10 Minuten garen.

4 Den Lachs waschen, trocknen, mit dem Zitronensaft und der Chilisauce beträufeln und in Würfel schneiden. Mit Salz und Pfeffer würzen.

5 Die Lachsstücke zum Gemüse geben und ca. 7 Minuten bei schwacher Hitze zugedeckt garziehen lassen.

6 Die Suppe kurz vor dem Servieren mit Salz, Pfeffer, Paprikapulver und der Hummerpaste feurig scharf abschmecken.

TIPP

Wer einmal etwas ganz anderes ausprobieren möchte, verwendet anstelle der normalen Kartoffeln „Trüffelkartoffeln“. Trüffelkartoffeln haben violettes Fleisch, werden aber ansonsten wie herkömmliche Kartoffeln verarbeitet. Da sie beim Gemüsehändler leider meistens nicht vorrätig sind, sollten sie vorbestellt werden.

KRÄFTIGE ROSENKOHLSUPPE

Zubereitungszeit: ca. 40 Min.

11 g E • 35 g F • 16 g KH •
449 kcal/1887 kJ

Für 4 Personen

200 g Kartoffeln
Salz
150 g eingelegte Paprikaschoten (aus dem Glas)
150 g durchwachsener Speck
1 El Öl
750 g Rosenkohl
1 l Rinderbrühe
250 ml Gemüsebrühe
Pfeffer
Paprikapulver
Chilipulver

1 Die Kartoffeln waschen, schälen und in Würfel schneiden. Die Kartoffeln in leicht gesalzenem Wasser ca. 10 Minuten garen.

2 Die Paprikastreifen in einem Sieb abtropfen lassen. Dabei die Flüssigkeit auffangen. Den Speck in Würfel schneiden.

3 Das Öl in einem Topf erhitzen und die Speckwürfel darin auslassen, die Paprikastreifen dazugeben und ca. 5 Minuten schmoren lassen.

4 Den Rosenkohl waschen, den Strunk und die äußeren Blätter entfernen. Große Rosenkohlköpfe halbieren. Den Rosenkohl und die abgegossenen Kartoffeln zu den Paprikastreifen geben und alles mit der Rinderbrühe und der Gemüsebrühe angießen. Die Flüssigkeit der Paprikastreifen ebenfalls dazugeben.

5 Das Ganze mit Salz, Pfeffer, Paprikapulver und Chilipulver abschmecken und bei milder Hitze ca. 8 Minuten zugedeckt köcheln lassen.

SCHMOREN IN DER HÖLLENGLUT

Hier scheinen sich nun die Pforten der Hölle selbst aufzutun. Mit Gerichten aus Luzifers Ofen wird den Geschmacksnerven im wahrsten Sinne des Wortes richtig eingeheizt. Viele kleine Gewürzteufelchen schüren die Höllenglut und des Teufels Großmutter kreiert persönlich die Rezepte für Aufläufe, Gratins, Tartes u. Ä., die es in sich haben.
Aber aufgepasst, die alte Dame hat es faustdick hinter den Ohren. Sie würzt so raffiniert, dass Sie die Schärfe erst beim zweiten Bissen spüren.

ÜBERBACKENE ENDIVIEN

Zubereitungszeit: ca. 35 Min.

15 g E • 32 g F • 10 g KH •
420 kcal/1764 kJ

Für 4 Personen

500 g krauser Endiviensalat
2 Tomaten
5 Zwiebeln
3 Knoblauchzehen
3-4 getrocknete Chilis
4-5 El Olivenöl
Salz
Cayennepfeffer
Butter für die Form
200 g Butterkäse mit Peperoni

1 Den Endiviensalat putzen, waschen, trocknen und in Streifen schneiden. Die Tomaten waschen, den Stielansatz entfernen und in Scheiben schneiden.

2 Die Zwiebeln schälen und in feine Würfel schneiden. Die Knoblauchzehen ebenfalls schälen und hacken.

3 Die Chilischoten mit einem breiten Messer zerdrücken. Das Öl in einem großen Topf erhitzen und die Zwiebelwürfel mit dem Knoblauch darin glasig anschwitzen.

4 Den Endiviensalat dazugeben und ca. 5 Minuten schmoren lassen. Die zerbröselten Chilischoten dazugeben und mit Salz und Cayennepfeffer kräftig abschmecken.

5 Den Backofen auf 200 °C vorheizen. Eine Auflaufform mit Butter einfetten und den Endivien hineingeben. Die Tomatenscheiben darüber verteilen.

6 Den Butterkäse in Streifen schneiden und gitterförmig über den Auflauf legen. Das Ganze im Backofen auf der mittleren Einschubleiste ca. 15 Minuten überbacken.

WÜRZIGE TEIGTASCHEN

Zubereitungszeit: ca. 40 Min.

12 g E • 45 g F • 22 g KH •
571 kcal/2398 kJ

Für 4 Personen

250 g Blätterteig TK
8 rote Peperoni
2 El Olivenöl
150 g roher Pfefferschinken
2 Tomaten
1 Bund Petersilie
2 Eigelb
Butter zum Einfetten

1 Den Blätterteig nach Packungsanweisung auftauen lassen. Die Peperoni längs halbieren, die Stiele und Kerne unter fließendem Wasser entfernen.

2 Das Öl in einer Pfanne erhitzen und die Peperonihälften darin rundherum kurz anbraten. Den Schinken in feine Streifen schneiden.

3 Die Tomaten waschen und in Scheiben schneiden. Die Petersilie waschen, trocknen und fein hacken.

4 Das Eigelb verquirlen. Die Ränder der Blätterteigplatten mit der Hälfte des Eigelbs bestreichen. Den Backofen auf 180 °C vorheizen.

5 Jede Blätterteigplatte zur Hälfte mit Schinken, Peperoni, Tomaten und Petersilie belegen. Die andere Hälfte darüberschlagen und die Ränder fest andrücken.

6 Ein Backblech gut mit Butter einfetten. Die Teigtaschen mit dem restlichen Eigelb einpinseln und im Backofen auf der mittleren Einschubleiste ca. 25 Minuten backen.

PIZZA-FLEISCHKUCHEN

Hackfleisch ist rohes, durch den Fleischwolf gedrehtes Fleisch vom Schwein oder Rind. Meistens ist es allerdings eine Mischung aus beidem.

Bei eingelegtem Pfeffer handelt es sich meist um die grünen, unreifen Pfefferkörner. Sie werden in Salzlake eingelegt und bleiben so sehr lange haltbar. Man verarbeitet sie ganz oder zerdrückt.

Inzwischen sind abgepackte Tomatenstücke in fast jedem Supermarkt erhältlich. Es gibt sie oft schon mit oder ohne Kräuter, Knoblauch und anderen Gewürzen.

Emmentaler ist ein Hartkäse aus der Schweiz und eignet sich aufgrund seines würzigen Aromas besonders gut zum Überbacken von Speisen.

Zubereitungszeit: ca. 45 Min.

41 g E • 46 g F • 10 g KH • 673 kcal/2827 kJ

Für 4 Personen

1 altbackenes Brötchen
500 g gemischtes Hackfleisch
1 Ei
2-3 El scharfe Paprikapaste
1 El Tomatenmark
1 Tl Tabasco
2 El eingelegte grüne Pfefferkörner
Salz, Pfeffer
Zwiebelpulver, Knoblauchpulver
Butter für die Form
200 g Tomatenwürfel FP
200 g Emmentaler-Käse
getrockneter Oregano
getrocknetes Basilikum

1 Das Brötchen in Wasser einweichen. Anschließend gut ausdrücken und zusammen mit dem Hackfleisch in eine Schüssel geben. Das Ei dazugeben und das Ganze gut verkneten. Die Hackfleischmasse mit der Paprikapaste, dem Tomatenmark und dem Tabasco mischen. Die Pfefferkörner mit einer Gabel zerdrücken und zu der Hackmasse geben. Alles zusammen kräftig mit Salz, Pfeffer, Zwiebel- und Knoblauchpulver abschmecken.

2 Eine Pie-Form (22-24 cm Durchmesser) mit Butter einfetten und die Hackfleischmasse hineingeben. Den Backofen auf 220 °C vorheizen. Die Tomatenstücke darüber verteilen. Den Käse reiben und über den Fleischkuchen streuen. Mit Oregano und Basilikum würzen und das Ganze im Backofen auf der mittleren Einschubleiste ca. 30 Minuten backen.

TIPP

Anstelle des gemischten Hackfleisches kann auch Lammhack verwendet werden. Wer es dann noch besonders pikant haben möchte, nimmt anstelle des Emmentalers Schafskäse.

PIKANTES SCHINKEN-GRATIN

Zubereitungszeit: ca. 35 Min.

36 g E • 36 g F • 41 g KH •
985 kcal/4127 kJ

Für 4 Personen

2 Zwiebeln
40 g Butter
500 g grüne Paprikaschoten
4 rote Chilischoten
40 g Mehl
125 ml Fleischbrühe
125 ml Milch
Salz
Pfeffer
Rosenpaprikapulver
400 g gekochter Schinken
80 g Butterflöckchen
80 g geriebener Parmesan-Käse

1. Die Zwiebeln schälen und in feine Würfel schneiden. Die Hälfte der Butter in einem Topf erhitzen und die Zwiebelwürfel darin glasig anschwitzen.

2. Die Paprikaschoten waschen, entkernen und in kleine Würfel schneiden. Die Chilischoten ebenfalls waschen, entkernen und in kleine Streifen schneiden.

3. Das Gemüse zu den Zwiebeln geben und mitanschwitzen. Das Ganze mit dem Mehl bestäuben und mit Brühe und Milch ablöschen. Unter Rühren aufkochen lassen und mit Salz, Pfeffer und Paprikapulver abschmecken.

4. Den Backofen auf 200 °C vorheizen. Den Schinken in feine Würfel schneiden. Eine flache Auflaufform mit der restlichen Butter einfetten und das Gemüse abwechselnd mit dem Schinken einschichten.

5. Den Käse mit den Butterflöckchen vermengen und auf dem Auflauf verteilen. Dann im Backofen auf der mittleren Einschubleiste ca. 10 Minuten goldbraun überbacken.

HEISSE KARTOFFELPLÄTZCHEN

Zubereitungszeit: ca. 45 Min.

38 g E • 72 g F • 38 g KH • 536 kcal/2252 kJ

Für 4 Personen

6 mittelgroße Kartoffeln
1 El Öl
1 Mango
2 El Barbecuesauce
1 Kästchen Kresse
2–4 Chilis
100 g Bambussprossen (aus der Dose)
1 El Sesamöl
1 Avocado
1 El Zitronensaft
100 g Pecannüsse
2 El Pfeffersauce

1 Die Kartoffeln waschen und mit der Schale in ca. 1/2 cm dicke Scheiben schneiden. Ein Backblech mit dem Öl einfetten. Für den ersten Belag die Mango schälen, entkernen und in feine Würfel schneiden.

2 Die Barbecuesauce mit den Mangowürfeln mischen. Die Kresse waschen, trocknen und fein hacken. Unter die Sauce rühren.

3 Für den zweiten Belag die Chilischoten waschen und fein hacken. Die Bambussprossen abtropfen lassen und ebenfalls fein hacken. Das Ganze mit dem Sesamöl mischen.

4 Für den dritten Belag die Avocado schälen, vom Stein lösen und in feine Würfel schneiden. Anschließend mit dem Zitronensaft beträufeln.

5 Die Pecannüsse fein hacken, mit den Avocadowürfeln und der Pfeffersauce mischen. Den Backofen auf 200 °C vorheizen.

6 Je ein Drittel der Kartoffelscheiben mit einem Belag bestreichen und mit Alufolie bedeckt ca. 20 Minuten backen. Die Folie entfernen und weitere 15 Minuten bei 220 °C knusprig backen.

SAUERKRAUT-SCHMORTOPF

Zubereitungszeit: ca. 55 Min.

72 g E • 48 g F • 11 g KH •
852 kcal/3579 kJ

Für 4 Personen

1 Hähnchen (ca. 1200 g)
Salz
Rosenpaprikapulver
100 g geräucherter, durchwachsener Speck
30 g Schmalz
100 g Zwiebeln
3 Knoblauchzehen
5 grüne Chilis
850 g Sauerkraut (aus der Dose)
125 ml Weißwein
125 ml Hühnerbrühe

1 Das Hähnchen waschen, trocknen und mit einem scharfen Messer in vier Teile schneiden. Anschließend mit Salz und Paprikapulver kräftig würzen.

2 Den Speck in feine Würfel schneiden. Das Schmalz in einem großen Bratentopf erhitzen und den Speck darin auslassen. Die Hühnerteile dazugeben und rundherum knusprig braun anbraten.

3 Anschließend herausnehmen und zur Seite legen. Die Zwiebeln schälen und in feine Würfel schneiden. Die Knoblauchzehen schälen und zerdrücken.

4 Die Chilischoten waschen und in Streifen schneiden. Zwiebelwürfel, Knoblauch und Chilis in das Bratfett geben und kurz andünsten. Den Backofen auf 250 °C vorheizen.

5 Das Sauerkraut gut abtropfen lassen und ebenfalls dazugeben. Die Hühnerteile auf das Sauerkraut legen.

6 Den Wein und die Brühe dazugießen und das Ganze im Backofen auf der mittleren Einschubleiste ca. 35 Minuten offen schmoren lassen.

MUSCHEL-AUFLAUF

Zubereitungszeit: ca. 30 Min.

12 g E • 19 g F • 45 g KH •
425 kcal/1787 kJ

Für 4 Personen

300 g Rigatoni-Nudeln
Salz
400 g Miesmuscheln (aus dem Glas)
2 rote Paprikaschoten
1 Bund Frühlingszwiebeln
1-2 El Chilisauce
1 El Apfelessig
Cayennepfeffer
Ingwerpulver
Senfpulver
2-3 El Sesamöl
Butter für die Form
1-2 El Trüffelbutter

1

Die Nudeln in kochendem Salzwasser bissfest garen. Abgießen, mit kaltem Wasser abschrecken und gut abtropfen lassen.

2

In der Zwischenzeit die Muscheln in ein Sieb geben und gut abtropfen lassen. Die Paprikaschoten halbieren, entkernen und waschen. Anschließend in feine Würfel schneiden.

3

Die Frühlingszwiebeln putzen, waschen und in Ringe schneiden. Das Gemüse mit der Chilisauce und dem Apfelessig mischen. Mit Salz, Cayennepfeffer, Ingwer- und Senfpulver kräftig abschmecken. Den Backofen auf 200 °C vorheizen.

4

Das Öl erhitzen und die Gemüse-Gewürz-Mischung mit den Muscheln darin 2-3 Minuten unter Rühren anschwitzen. Die Nudeln dazugeben und gut durchmischen. Eine Auflaufform mit Butter einfetten und das Ganze einfüllen. Von der Trüffelbutter kleine Flöckchen abstechen und über den Auflauf verteilen. Alles im Backofen ca. 15 Minuten überbacken.

HÖLLISCH HEISSER OFENFISCH

Zubereitungszeit: ca. 35 Min.

40 g E • 11 g F • 26 g KH • 405 kcal/1702 kJ

Für 4 Personen

10 Schalotten
10 Eiertomaten
1 Bund Frühlingszwiebeln
4 rote Peperoni
1/2 Bund Basilikum
1/2 Bund Thymian
50 g Butter
Salz
Pfeffer
Chilisauce
4 Scheiben Seefischfilets à 200 g
1 El Zitronensaft
Butter für die Form

1 Die Schalotten schälen und in feine Würfel schneiden. Die Tomaten waschen, den Stielansatz herausschneiden und in Würfel schneiden.

2 Die Frühlingszwiebeln putzen, waschen und in Scheiben schneiden. Die Peperoni halbieren, den Strunk und die Kerne entfernen, unter fließendem Wasser waschen und gut abtropfen lassen.

3 Die Peperoni anschließend in feine Würfel schneiden. Die Kräuter waschen, trocknen und fein hacken.

4 Die Butter erhitzen und die Schalottenwürfel darin glasig anschwitzen. Die Frühlingszwiebeln und die Peperoni dazugeben und ca. 2 Minuten dünsten.

5 Die Tomatenwürfel und die Kräuter dazugeben. Die Gemüsemischung mit Salz, Pfeffer und Chilisauce kräftig abschmecken und vom Herd nehmen.

6 Die Fischfilets waschen, trocknen, mit Zitronensaft beträufeln und mit Salz und Pfeffer würzen. Den Backofen auf 200 °C vorheizen.

7 Eine große, flache Auflaufform mit Butter einfetten und die Fischfilets hinein legen. Das Gemüse darauf verteilen. Das Ganze im Backofen auf der mittleren Einschubleiste ca. 15 Minuten backen.

SÜSS-SAURES PILZGRATIN

Zubereitungszeit: ca. 30 Min.
(plus Zeit zum Marinieren)

6 g E • 2 g F • 20 g KH •
372 kcal/1562 kJ

Für 4 Personen

800 g braune Riesenchampignons
3 El Walnussöl
2 El brauner Zucker
4-5 El Balsamico-Essig
2 El Chilisauce
2 El eingelegte grüne Pfefferkörner
2-3 getrocknete Chilis
Butter für die Form
2-3 Scheiben Pumpernickel
2-3 El Pfefferbutter

1 Die Pilze putzen, waschen und in Scheiben schneiden. Das Walnussöl mit dem Zucker, dem Essig, der Chilisauce und den Pfefferkörnern mischen.

2 Die Chilischoten in einem Mörser zerdrücken und dazugeben. Die Pilze in eine flache Schüssel schichten, die Gewürzmischung darüber verteilen und das Ganze ca. 20-30 Minuten marinieren.

3 Eine flache Gratinform mit Butter einfetten und die Pilz-Gewürz-Mischung hineingeben. Den Backofen auf 200 °C vorheizen. Die Pumpernickelscheiben zerbröckeln und über die Pilze streuen.

4 Von der Pfefferbutter kleine Flöckchen abstechen und auf dem Gratin verteilen. Das Ganze im Backofen auf der mittleren Einschubleiste ca. 15 Minuten gratinieren.

TEUFEL'S TARNKAPPE

Zubereitungszeit: ca. 55 Min.

31 g E • 49 g F • 17 g KH •
539 kcal/2263 kJ

Für 4 Personen

1 großer Blumenkohl
Salz
4 Zwiebeln
4 El Sesamöl
4 getrocknete rote Chilis
80 g frisch geriebene Kokosnuss
2 El Korianderkörner
1 Knoblauchzehe
500 g Lammhackfleisch
3 El Paniermehl
Butter für die Form
80 g Butterflöckchen

1 Den Blumenkohl putzen, waschen, den Strunk kegelförmig, nicht zu tief herausschneiden. Dann ca. 8 Minuten in Salzwasser blanchieren.

2 Die Zwiebeln schälen und die Hälfte davon klein schneiden. Den Rest beiseite legen. Das Öl in einem Topf erhitzen und die Chilischoten mit der Kokosnuss, den Zwiebelstücken und den Korianderkörnern anrösten. Mit dem Schneidestab des Handrührgerätes zu einer Paste pürieren.

3 Die übrigen Zwiebeln in kleine Würfel schneiden. Die Knoblauchzehe schälen und durchpressen. Die Paste mit den Zwiebeln, dem Knoblauch und dem Hackfleisch in eine Schüssel geben, vermengen und mit Salz würzen.

4 Den Backofen auf 180 °C vorheizen. Eine ofenfeste Form mit Butter ausfetten und mit dem Paniermehl ausstreuen. Das Fleisch in den abgetropften Blumenkohl füllen.

5 Den Blumenkohl mit der Füllung nach unten in die Form legen und die Butterflöckchen darauf verteilen. Dann im Backofen auf der mittleren Einschubleiste ca. 30 Minuten backen.

SELLERIE-AUFLAUF

Zubereitungszeit: ca. 1 Std.

7 g E • 41 g F • 20 g KH • 502 kcal/2110 kJ

Für 4 Personen

500 g Staudensellerie
300 g rote Paprikaschoten
200 g rote Peperoni
4–5 El Öl
Rosenpaprikapulver
Salz
Butter für die Form
250 ml Gemüsebrühe
3 El Paniermehl
75 g Cashewkerne
2 El Butter

1 Vom Staudensellerie die harten Außenfäden entfernen. Die Stangen unter fließendem Wasser waschen und anschließend trockentupfen.

2 Den Sellerie in Scheiben schneiden. Die Paprikaschoten und die Peperoni halbieren, den Strunk und die Kerne entfernen und anschließend beides unter fließendem, kaltem Wasser waschen. Beides trocknen und in Streifen schneiden. Den Backofen auf 180 °C vorheizen.

3 Das Öl erhitzen und das Gemüse darin kurz anschwitzen. Mit dem Paprikapulver und Salz würzen. Eine flache Auflaufform mit Butter einfetten und das Gemüse einschichten.

4 Die Brühe mit dem Paniermehl mischen und über das Gemüse gießen. Die Cashewkerne hacken und darüber streuen. Von der Butter kleine Flöckchen abstechen und auf dem Auflauf verteilen. Das Ganze im Backofen auf der mittleren Einschubleiste ca. 35 Minuten garen.

GEFLÜGEL-REIS-AUFLAUF

Vollkornreis ist Reis in ungeschälter Form. Das heißt, das Korn ist naturbelassen. Vollkornreis hat aufgrund seines höheren Wassergehaltes eine längere Garzeit.

Sesamöl ist eines der feinsten und aromatischsten Pflanzenöle. Es wird häufig in der asiatischen Küche eingesetzt und gehört mit zu den teuersten Speiseölen.

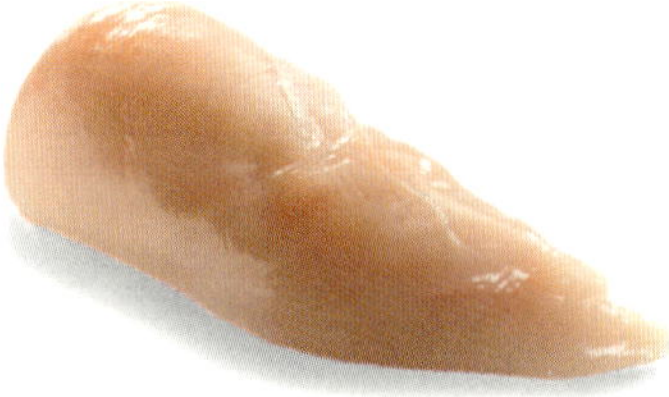

Das Hähnchenbrustfilet ist ein sehr fettarmes und feines Fleisch. Aus der leichten Küche ist es inzwischen nicht mehr wegzudenken.

Kokosmilch wird aus dem Fruchtfleisch der Kokosnuss gewonnen. Die leicht süßlich schmeckende, erfrischende Flüssigkeit gibt es inzwischen auch schon als Konserve zu kaufen.

Zubereitungszeit: ca. 1 1/2 Std.

48 g E • 22 g F • 42 g KH •
607 kcal/2549 kJ

Für 4 Personen

200 g Vollkornreis
Salz
3 Zwiebeln
2 Knoblauchzehen
4 scharfe Chilis
1 Stück Ingwerknolle
2 El Currypulver
5-6 El Sesamöl
700 g Hähnchenbrustfilet
Sojasauce
Pfeffer
Butter für die Form
2 Eier
250 ml Kokosmilch, ungesüßt

1
Den Reis ca. 25 Minuten in kochendem Salzwasser garen. Abgießen und bereit stellen. Die Zwiebeln schälen und in feine Würfel schneiden. Den Knoblauch schälen und zerdrücken. Die Chilischoten halbieren, den Strunk und die Kerne entfernen, unter fließendem Wasser waschen und anschließend trockentupfen.

2
Die Chilis würfeln. Den Ingwer schälen und ebenfalls in kleine Würfel schneiden. Das Gemüse mit dem Currypulver mischen. Die Hälfte des Öls erhitzen und die Gemüsemischung 4 Minuten darin schmoren.

3
Den Backofen auf 180 °C vorheizen. Die Hähnchenbrustfilets waschen, trockentupfen und in Streifen schneiden. Das restliche Öl ebenfalls erhitzen und das Hähnchenfleisch darin rundherum kräftig anbraten.

4
Das Fleisch mit Salz und Pfeffer würzen, dann mit etwas Sojasauce beträufeln und ca. 10 Minuten ruhen lassen. Eine Auflaufform mit Butter einfetten und das Gemüse abwechselnd mit Reis und dem Fleisch einschichten.

5 Die Eier mit der Kokosmilch verquirlen und darüber gießen. Das Ganze im Backofen auf der mittleren Einschubleiste ca. 25 Minuten garen.

TIPP

Und wer es etwas anders möchte, verwendet eine Country-Reis-Mischung.

AUBERGINEN-GRATIN

Zubereitungszeit: ca. 45 Min.

17 g E • 26 g F • 12 g KH • 376 kcal/1579 kJ

Für 4 Personen

800 g Auberginen
Salz
4 grüne Paprikaschoten
2 Eiertomaten
2 Knoblauchzehen
1 El eingelegte Kapern
6 Anchovisfilets
2-3 El italienische Kräutermischung TK
4-6 El Olivenöl
100 g Parmesan-Käse

1 Die Auberginen waschen und in dünne Scheiben schneiden. Mit Salz bestreuen und ca. 20 Minuten ruhen lassen.

2 In der Zwischenzeit die Paprikaschoten halbieren, den Strunk und die Kerne entfernen und unter fließendem, kaltem Wasser waschen. Anschließend in Streifen schneiden.

3 Die Tomaten waschen, den Stielansatz entfernen und in Scheiben schneiden. Die Knoblauchzehen schälen und fein würfeln.

4 Die Kapern abtropfen lassen und etwas zerdrücken. Die Anchovisfilets in Stücke schneiden. Das Ganze mit den Kräutern und 3 El des Öls mischen. Mit dem restlichen Öl eine Auflaufform auspinseln.

5 Die Auberginenscheiben abwaschen, trockentupfen und dachziegelartig in die Auflaufform schichten. Den Backofen auf 200 °C vorheizen.

6 Die Gemüse-Mischung darüber geben und das Ganze im Backofen auf der mittleren Einschubleiste ca. 15 Minuten garen. Den Parmesan reiben, darüber streuen und alles zusammen ca. 10 Minuten unter dem Grill gratinieren.

HERZHAFTE ZUCCHINI-TARTE

Zubereitungszeit: ca. 50 Min.

14 g E • 14 g F • 63 g KH •
471 kcal/1978 kJ

Für 4 Personen

1 Paket Pizza-Fertigteigmischung für eine Backform mit 26-28 cm Durchmesser
Butter für die Form
250 g Tomato al Gusto mit Zwiebeln und Knoblauch FP
500 g Zucchini
Salz
Cayennepfeffer
200 g eingelegte Peperoni (im Glas)
100 g Walnüsse ohne Schale
100 g Emmentaler-Käse, gerieben

1 Den Fertigteig nach Packungsanweisung zubereiten und in eine gefettete Tarteform geben.

2 Die Zucchini waschen und in dünne Scheiben schneiden. Das Tomato al Gusto auf den Teig streichen und mit den Zucchinischeiben belegen.

3 Mit Salz und Cayennepfeffer würzen. Die Peperoni in ein Sieb geben und gut abtropfen lassen. Den Backofen auf 220 °C vorheizen.

4 Peperoni in Streifen schneiden und sternförmig auf die Zucchini legen. Die Walnüsse grob hacken und darüber streuen. Die Zucchinitarte mit dem Käse bestreuen und im Backofen auf der mittleren Einschubleiste ca. 25 Minuten backen.

SCHARFES MIT BISS

Als Nächstes begeben wir uns in Teufels Küchengarten. Die brennend scharfen Chilischoten scheinen ja direkt daraus zu stammen. Aber auch die anderen Gemüse heizen einem mit den richtigen Gewürzen versehen ganz schön ein. Reis und Nudeln können hier die Höllenglut zwar etwas mildern, aber trotzdem gilt: Vorsicht vor den scharfen Pflänzchen.

GEFÜLLTE PAPRIKASCHOTEN

Zubereitungszeit: ca. 1 1/4 Std.

16 g E • 68 g F • 14 g KH •
759 kcal/3189 kJ

Für 4 Personen

1 Chinakohl (800–1000 g)
2 Zwiebeln
200 g durchwachsener Speck
4 El Butterschmalz
250 ml Asiafond FP
2–3 El Rosenpaprikapulver
2 El Tomatenmark
Salz
Pfeffer
Tabasco
4 gelbe Paprikaschoten

1 Den Chinakohl putzen, vierteln, den Strunk entfernen, waschen und in feine Streifen schneiden. Die Zwiebeln schälen und in kleine Würfel schneiden.

2 Den Speck in Streifen schneiden. Das Butterschmalz erhitzen und den Speck darin auslassen. Die Zwiebelwürfel dazugeben und glasig anschwitzen.

3 Den Chinakohl zugeben und das Ganze mit 125 ml Asiafond ablöschen. Mit Paprikapulver, Tomatenmark, Salz, Pfeffer und Tabasco abschmecken und ca. 10 Minuten schmoren.

4 Von den Paprikaschoten einen Deckel abschneiden. Mit einem Löffel oder kleinen Messer den Strunk und die Kerne aus dem Inneren herauslösen. Waschen und abtropfen lassen.

5 Die Paprikaschoten mit dem Chinakohl füllen und in einen kleinen Topf setzen. Den abgeschnittenen Deckel wieder auf die Paprika setzen, den restlichen Fond angießen und die Schoten zugedeckt ca. 45 Minuten schmoren.

SPANISCHE GEMÜSEPFANNE

Zubereitungszeit: ca. 45 Min.

36 g E • 33 g F • 69 g KH •
768 kcal/3225 kJ

Für 4 Personen

3 große Gemüsezwiebeln
500 g grüne Paprikaschoten
200 g rote Paprikaschoten
3-6 rote Peperoni
300 g Chorizo (scharfe, spanische Wurst)
600 g Fleischtomaten
1 El Butterschmalz
1 Tl scharfes Paprikapulver
Salz
300 g gekochte Muschelnudeln

1 Die Zwiebeln schälen und in dünne Ringe schneiden. Die Paprikaschoten und die Peperoni halbieren, die Kerne und den Strunk entfernen und unter fließendem Wasser waschen. Trocknen und in feine Streifen schneiden.

2 Die Chorizo in 1 cm dicke Scheiben schneiden. Die Tomaten kreuzweise einritzen, kurz in kochendes Wasser tauchen, abschrecken und die Haut abziehen. Anschließend in grobe Stükke schneiden.

3 Das Butterschmalz erhitzen und die Zwiebelringe darin glasig anschwitzen. Das Paprikapulver darüber streuen und die Wurstscheiben dazugeben. Rundherum anbraten und anschließend die Paprikaschoten und die Peperoni untermischen.

4 Das Ganze zugedeckt ca. 10 Minuten schmoren. Die Tomatenstücke dazugeben, salzen und ca. 20 Minuten garen. Kurz vor Ende der Garzeit die Nudeln dazugeben und miterhitzen. Mit gehackten Kräutern bestreut servieren.

BROKKOLI MIT SAMBAL

Brokkoli ist ein naher Verwandter des Blumenkohl und zählt daher auch zu den Kohlgemüsen. Er wird wie Blumenkohl zubereitet. Sein milder Geschmack ist etwas ganz Besonderes.

Asiafond ist eine Würzbrühe mit typisch asiatischen Ingredienzen. Der Fond ist als Fertigprodukt im Handel erhältlich und dient als Basis für Suppen und Saucen.

Sambal oelek ist eine indonesische Würzpaste. Sie ist wesentlicher Bestandteil der asiatischen Küche. Es gibt verschiedene Sambal-Mischungen bereits fertig in fast jedem Supermarkt zu kaufen.

Sojasauce ist eine ostasiatische Würzsauce mit sehr vielen Verwendungsmöglichkeiten. Man nimmt sie zum Marinieren, Würzen oder als Dip.

Zubereitungszeit: ca. 15 Min.

6 g E • 15 g F • 11 g KH •
218 kcal/918 kJ

Für 4 Personen

500 g Brokkoli
1 kleines Stück Ingwerknolle
2 Knoblauchzehen
2 Zwiebeln
3 El Sesamöl
4-5 El Asiafond FP
1 El Sambal oelek
3 El Sojasauce

1 Den Brokkoli putzen, waschen und in Röschen teilen. Den Ingwer schälen und fein hacken. Die Knoblauchzehen schälen und mit dem Messerrücken zerdrücken.

2 Die Zwiebeln schälen und in feine Würfel schneiden. Das Öl erhitzen und die Brokkoliröschen darin unter Rühren anbraten.

3 Anschließend den Ingwer, den Knoblauch und die Zwiebeln dazugeben. 3 Minuten unter Rühren braten.

4 Den Asiafond dazugießen und ca. 5 Minuten schmoren. Mit Sambal oelek und Sojasauce abschmecken und servieren.

TIPP

Wer es ganz besonders scharf möchte, verrührt die Sojasauce mit 3 El Sambal oelek. Als Geschmacksvariante lässt sich auch Sambal Badjak verwenden.

ZUCCHINI MIT KRUSTE

Zubereitungszeit: ca. 45 Min.

4 g E • 13 g F • 7 g KH •
175 kcal/736 kJ

Für 4 Personen

75 g grüne Oliven ohne Stein (aus dem Glas)
1 Bund Petersilie
3-4 Peperoni
2 El Balsamico-Essig
2 El Olivenöl
Chilipulver
Rosenpaprikapulver
Salz
Tabasco
4 kleine Zucchini
Öl für die Form

1 Die Oliven gut abtropfen lassen und in Ringe schneiden. Die Petersilie unter fließendem Wasser waschen, trocknen und fein hacken.

2 Die Peperoni halbieren, die Kerne und den Strunk entfernen, unter fließendem Wasser waschen und trocknen. Anschließend in Streifen schneiden.

3 Die Oliven mit der Petersilie, den Peperonistreifen, dem Balsamico und dem Öl mischen. Alles mit Chilipulver, Paprikapulver, Salz und Tabasco kräftig abschmecken.

4 Die Zucchini waschen und längs halbieren. Dann mit einem Löffel leicht aushöhlen. Den Backofen auf 180 °C vorheizen.

5 Die Zucchini mit der Masse füllen und in eine mit Öl ausgepinselte Form geben. Im Backofen auf der mittleren Einschubleiste ca. 30 Minuten garen.

BALKAN REISSCHÜSSEL

Zubereitungszeit: ca. 45 Min.

51 g E • 48 g F • 43 g KH •
862 kcal/3623 kJ

Für 4 Personen

750 g Schweinenacken
250 g Zwiebeln
200 g Auberginen
Salz
250 g grüne und rote Paprikaschoten
4 El Öl
150 g Wildreismischung
250 ml Hühnerbrühe
Pfeffer, Cayennepfeffer
Chilipulver, getrockneter Majoran
2 Tl Rosenpaprikapulver
250 g Tomaten
frischer Majoran zum Garnieren

1 Das Fleisch waschen, trocknen und in Würfel schneiden. Die Zwiebeln schälen und in Ringe schneiden. Die Auberginen waschen und in 1/2 cm dicke Scheiben schneiden. Auf ein Küchentuch legen, mit Salz bestreuen und ca. 10 Minuten stehen lassen. Anschließend gut abspülen und trockentupfen.

2 Die Paprikaschoten halbieren, den Strunk und die Kerne entfernen, unter fließendem Wasser waschen und anschließend in Streifen schneiden. Das Öl erhitzen und das Fleisch darin portionsweise kräftig anbraten. Das Gemüse dazugeben und kurz andünsten.

3 Anschließend die Reismischung und die Brühe dazugeben. Alles mit den Gewürzen abschmecken, kurz aufkochen und zugedeckt bei mittlerer Hitze ca. 20 Minuten garen.

4 Die Tomaten kreuzweise einritzen, kurz in kochendes Wasser tauchen, mit kaltem Wasser abschrecken und die Haut abziehen. Die Tomaten anschließend in Achtel schneiden. Die Tomatenachtel 5 Minuten vor Ende der Garzeit zum Reis geben. Die Reisschüssel mit Majoran garniert servieren.

CURRYNUDELN

Zubereitungszeit: ca. 25 Min.

19 g E • 25 g F • 67 g KH •
599 kcal/2516 kJ

Für 4 Personen

300 g Muschelnudeln
Salz
2-3 El Chiliöl
1 El scharfes Currypulver
1 Mango
2-3 getrocknete Chilis
3 Frühlingszwiebeln
1/2 Tl Zitronenpfeffer
250 ml Hühnerbrühe
1/4 Bund Koriander
2-3 El Cashewkerne

1 Die Nudeln in kochendem Salzwasser bissfest garen. Anschließend abgießen, mit kaltem Wasser abschrecken und gut abtropfen lassen.

2 Das Chiliöl erhitzen und das Currypulver darin leicht anrösten. Die Mango schälen, vom Kern lösen und das Fleisch in Würfel schneiden.

3 Die Chilischoten im Mörser zerdrücken. Die Frühlingszwiebeln putzen, waschen und in Ringe schneiden.

4 Zusammen mit den Chilischoten und den Mangowürfeln zu dem angeschwitzten Currypulver geben.

5 Alles zusammen kurz anrösten und mit dem gemahlenen Zitronenpfeffer würzen. Die Hühnerbrühe dazugießen und einmal kurz aufkochen.

6 Das Koriandergrün waschen, trockenschleudern und fein hacken. Die Cashewkerne ebenfalls fein hacken.

7 Beides zu der Currysauce geben. Die Nudeln darin wieder erwärmen, anschließend auf Tellern anrichten.

TIPP

Die kleinen Muschelnudeln können auch durch Gnocchi-Nudeln ausgetauscht werden. Die Gnocchi-Nudeln sind in fast jedem gut sortierten Supermarkt erhältlich.

LETSCHO

Zubereitungszeit: ca. 25 Min.

11 g E • 12 g F • 31 g KH • 301 kcal/1264 kJ

Für 4 Personen

2 Gemüsezwiebeln
2 Knoblauchzehen
2 El Olivenöl
je 2 grüne, gelbe und rote Paprikaschoten
2 El Weißwein
1/8 l Rinderbrühe
Salz
Pfeffer
2 Tl Rosenpaprikapulver
2 Tl gemahlene Chilis
2 Fleischtomaten
1 Tl Speisestärke

1 Die Zwiebeln schälen und in grobe Würfel schneiden. Den Knoblauch schälen und fein zerdrücken. Das Olivenöl erhitzen und darin die Zwiebelwürfel mit dem Knoblauch glasig anschwitzen.

2 Die Paprikaschoten halbieren, den Strunk und die Kerne entfernen, unter fließendem, kaltem Wasser waschen und anschließend trockentupfen. Die Paprikaschoten in ca. 2 cm große Würfel schneiden. Die Paprikawürfel zu der Zwiebel-Knoblauchmischung geben und kurz mit andünsten.

3 Mit Wein und Brühe ablöschen, mit den Gewürzen abschmecken und zugedeckt bei milder Hitze ca. 10 Minuten garen. Die Tomaten kreuzweise einritzen, kurz in kochendes Wasser tauchen, mit kaltem Wasser abschrecken und die Haut anschließend abziehen.

4 Die Tomaten halbieren, die Kerne entfernen und das Tomatenfleisch in Würfel schneiden. Die Speisestärke mit etwas kaltem Wasser anrühren. Die Tomatenwürfel zu dem Gemüse geben und alles mit der Speisestärke leicht andicken.

GEMÜSEPFANNE

Pecannüsse sind ovale, braune Nüsse mit glatter Schale, die geschmacklich sehr viel Ähnlichkeit mit Walnüssen haben.

Fünf-Gewürze-Pulver ist eine Mischung aus Sternanis, Szetschuanpfeffer, Zimt, Fenchel und Gewürznelken. Es wird hauptsächlich in China und in Vietnam verwendet.

Die zu den Kürbisgewächsen zählenden Gurken gibt es in vielen verschiedenen Arten. Salatgurken sollten möglichst schnell ungeschält verarbeitet werden, da sie sehr schnell welk werden.

Walnussöl hat ein sehr feines Nussaroma und ist daher ideal für Salate und kalt angerührte Dressings. Seine Haltbarkeit ist allerdings stark begrenzt.

Zubereitungszeit: ca. 20 Min.

3 g E • 27 g F • 18 g KH • 390 kcal/1638 kJ

Für 4 Personen

2 rote Chilis
6-7 Pecannüsse
4-5 Frühlingszwiebeln
1-2 EL Fünf-Gewürze-Pulver (Asialaden)
1 Salatgurke
8 Möhren
2 grüne Chilis
1 Stück Ingwerknolle
5 Knoblauchzehen
3 El Walnussöl
2 El Zucker
3 El Reiswein-Essig

1 Die roten Chilischoten halbieren, den Strunk und die Kerne entfernen, waschen und anschließend mit den Nüssen in einen Mixer geben. Die Frühlingszwiebeln putzen, waschen und die Hälfte grob zerkleinern. Mit dem Fünf-Gewürze-Pulver zu den anderen Zutaten in den Mixer geben. Alles fein pürieren.

2 Die Gurke waschen und trocknen. Die Möhren schälen und zusammen mit der Gurke in ca. 3 cm lange Stifte schneiden. Die restlichen Frühlingszwiebeln in Ringe schneiden.

3 Die grünen Chilischoten waschen und in Streifen schneiden. Den Ingwer schälen und würfeln. Den Knoblauch schälen und in Scheiben schneiden. Das Öl erhitzen und darin das Würzpüree mit den Chilis, dem Ingwer und dem Knoblauch anrösten. Den Zucker und den Essig zufügen und zu einer dicklichen Sauce einkochen lassen. Das Gemüse hineingeben und ca. 5 Minuten darin schmoren.

SCHWARZE TRÜFFELNUDELN

Zubereitungszeit: ca. 15 Min.

7 g E • 17 g F • 45 g KH •
390 kcal/1638 kJ

Für 4 Personen

500 g schwarze Bandnudeln
Salz
3 rote Chilis
4 El Trüffelbutter
1/2 - 1 El fein gehobelte Sommertrüffel
Cayennepfeffer
1/2 Bund Basilikum
Trüffelbutter zum Garnieren

1. Die Nudeln in ausreichend Salzwasser bissfest garen. In ein Sieb gießen, mit kaltem Wasser abschrecken und gut abtropfen lassen.

2. Die Chilischoten waschen, halbieren, die Kerne entfernen, in Streifen schneiden und in der Trüffelbutter anrösten.

3. Die Trüffelscheiben dazugeben und kurz erwärmen. Die Nudeln dazugeben, vorsichtig unterrühren und mit Salz, Cayennepfeffer und gehacktem Basilikum abschmecken.

4. Die Nudeln auf vier Teller verteilen und mit etwas Trüffelbutter verfeinert servieren.

CHILI-PILZE

Zubereitungszeit: ca. 20 Min.

5 g E • 27 g F • 9 g KH •
345 kcal/1452 kJ

Für 4 Personen

500-600 g gemischte, frische Waldpilze
2-3 getrocknete Chilis
4 El Sesamöl
3 rote Zwiebeln
Salz
Pfeffer
125 g Schmand
2 El Weinbrand
1 Bund Basilikum

1 Die Pilze putzen, waschen und die größeren Pilze notfalls vierteln. Die Chilischoten in einem Mörser zerdrücken.

2 Das Öl erhitzen und darin die Pilze zusammen mit den Chilischoten ca. 5 Minuten anbraten. Die Zwiebeln schälen und in kleine Würfel schneiden, dazugeben und ca. 5 Minuten mitbraten.

3 Die Chili-Pilze mit Salz und Pfeffer kräftig abschmecken. Den Schmand mit dem Weinbrand verrühren und vorsichtig unter die Pilze heben.

4 Das Basilikum waschen, trocknen und in feine Streifen schneiden. Die Chili-Pilze mit dem Basilikum bestreut servieren.

REISPFANNE „BATAVIA"

Zubereitungszeit: ca. 35 Min.

16 g E • 16 g F • 33 g KH •
373 kcal/1566 kJ

Für 4 Personen

200 g Reis
Salz
3 Schalotten
2 Knoblauchzehen
2 rote Peperoni
1 Stück Ingwerknolle
250 g Pak Choi
250 g rohe Garnelenschwänze
2 El Öl
1 El Chiliöl
Pfeffer
Zucker
2 El Sojasauce
1 El Chilisauce
2 El Sherry

1 Den Reis in kochendem Salzwasser ca. 20 Minuten garen. Anschließend in ein Sieb abgießen, abtropfen lassen und bereit stellen.

2 Die Schalotten schälen und in feine Würfel schneiden. Die Knoblauchzehen schälen und zerdrücken. Die Peperoni halbieren, den Strunk und die Kerne entfernen, unter fließendem Wasser waschen und in Streifen schneiden.

3 Den Ingwer schälen und in kleine Würfel schneiden. Den Pak Choi putzen, waschen und in breite Streifen schneiden.

4 Die Garnelenschwänze schälen, den Darm entfernen, waschen und trockentupfen. Die beiden Öle in einem Topf erhitzen. Erst die Schalotten mit dem Knoblauch und den Peperonistreifen darin anschwitzen.

5 Den Ingwer und den Pak Choi dazugeben und unter Rühren ca. 3 Minuten scharf anbraten. Die Garnelenschwänze dazugeben und weitere 2 Minuten unter Rühren braten.

6 Das Ganze mit Salz, Pfeffer, Zucker, Sojasauce, Chilisauce und Sherry scharf abschmecken. Den Reis unterheben, erwärmen und anrichten.

PELLKARTOFFELN MIT RICOTTA

Zubereitungszeit: ca. 35 Min.

17 g E • 29 g F • 36 g KH • 434 kcal/1822 kJ

Für 4 Personen

750 g Kartoffeln
Meersalz
1 Tl Kümmelkörner
200 g Mixed-Pickles (aus dem Glas)
1 Bund Radieschen
2 Frühlingszwiebeln
1 Bund Petersilie
500 g Ricotta
125 ml Tomatensaft
2 El Olivenöl
Pfeffer
Paprikapulver
Senfpulver

1 Kartoffeln mit einer Bürste unter fließendem Wasser gut reinigen. Einen großen Topf mit Wasser, Meersalz und Kümmelkörner auf den Herd stellen und die Kartoffeln darin ca. 20 Minuten kochen.

2 Die Mixed-Pickles in ein Sieb geben und gut abtropfen lassen. Anschließend in sehr feine Würfel schneiden.

3 Radieschen putzen, waschen und ebenfalls in kleine Würfel schneiden. Frühlingszwiebeln putzen, waschen und in Ringe schneiden.

4 Petersilie waschen, trocknen und fein hacken. Den Ricotta mit dem Tomatensaft und dem Olivenöl glatt rühren. Mixed Pickles, die Radieschen und die Frühlingszwiebeln dazugeben.

5 Den Ricotta mit Salz, Pfeffer, Paprika- und Senfpulver kräftig abschmecken und zu den Pellkartoffeln servieren. Alles mit Petersilie garnieren.

DREIFARBIGES RISOTTO

Risottoreis ist ein Rundkornreis. Er kocht sich weich und klebrig und stammt ursprünglich aus Italien. Beliebte Risottoreissorten sind: Arborio, Vialone und Carnaroli.

Rinderbrühe lässt sich aus einem Stück Suppenfleisch, Sellerie, Möhren, Petersilie, Lorbeerblättern, Salz, Pfeffer und Wasser selbst herstellen. Das Ganze bei milder Hitze ca. 1 1/2 Stunden garziehen lassen.

Cayennepfeffer ähnelt farblich normalem Paprikapulver. Er hat eine sehr ausgeprägte Schärfe, ist aber vom Duft her nicht so stark wie Pfeffer.

Die kleinen roten oder grünen Chilis stammen ursprünglich aus Südamerika. Am schärfsten sind ihre Kerne und Scheidewände.

Zubereitungszeit: ca. 45 Min.

25 g E • 39 g F • 67 g KH • 711 kcal/2987 kJ

Für 4 Personen

2 grüne Paprikaschoten
3 grüne Chilis
2 rote Paprikaschoten
3 rote Chilis
2 gelbe Paprikaschoten
2 El Chilisauce
6 El Öl
300 g Risottoreis (Arborio)
1,5–2 l Rinderbrühe
Salz
Cayennepfeffer

1 Die Paprikaschoten halbieren, den Strunk und die Kerne entfernen, unter fließendem Wasser waschen und die Schoten nach Farben getrennt in Würfelchen schneiden.

2 Mit den Chilischoten genauso verfahren. Das auf drei verschiedene Töpfe verteilte Öl erhitzen und je eine Sorte der Paprikaschoten darin anschwitzen.

3 Die jeweils farblich passenden Chilis dazugeben und kurz mit andünsten. Die Chilisauce zu den gelben Paprikaschoten geben.

4 Je 1/3 des Reises in jeden der Töpfe geben und kurz anschwitzen. Dann mit je 1/3 der Rinderbrühe ablöschen, mit Salz und Cayennepfeffer kräftig abschmecken und zugedeckt ca. 20 Minuten bei mittlerer Hitze garen.

NUDELNESTER „POTZ TEUFEL“

Zubereitungszeit: ca. 40 Min.

21 g E • 26 g F • 59 g KH • 603 kcal/2532 kJ

Für 4 Personen

400 g Spaghetti
Salz
2 Eier
2 El Speisestärke
300–400 g Jakobsmuscheln TK
3 Knoblauchzehen
4 El Chiliöl
1-2 El zerdrückte, rote Pfefferkörner
200 ml Roséwein
2 El saure Sahne
Fett zum Frittieren
Basilikumblätter zum Garnieren

Die Spaghetti in ausreichend Salzwasser bissfest kochen. Abgießen, mit kaltem Wasser abschrecken und gut abtropfen lassen.

Die Eier mit der Speisestärke verrühren und die Spaghetti untermischen. Die Jakobsmuscheln auftauen lassen, waschen und gut trockentupfen.

Die Knoblauchzehen schälen und zerdrücken. Das Öl erhitzen und die Muscheln mit den Pfefferkörnern von allen Seiten gut anbraten.

Den Knoblauch dazugeben und mit dem Roséwein ablöschen. Mit Salz abschmecken und zugedeckt ca. 3-4 Minuten schmoren.

Die Sauce mit der sauren Sahne verfeinern. Die Spaghetti zu Nestern drehen und in heißem Fett vorsichtig frittieren.

Die Nudel-Nester auf Tellern anrichten und die Muscheln auf die Nudeln geben. Die Sauce darumgießen und alles mit Basilikum garniert servieren.

SALAMI-PAPRIKA-REIS

Zubereitungszeit: ca. 45 Min.

22 g E • 43 g F • 53 g KH • 728 kcal/3060 kJ

Für 4 Personen

250 g Vollkornreis
Salz
250 g scharfe, eingelegte Peperoni (im Glas)
3 gelbe Paprikaschoten
200 g Pfeffersalami
4-6 El Olivenöl
1 Tl Tabasco
Pfeffer

1 Den Reis in ausreichend, kochendem Salzwasser garen. Anschließend abgießen und gut abtropfen lassen. Die eingelegten Peperoni in ein Sieb geben und gut abtropfen lassen. (Wer es besonders scharf mag, kann den Fond später zum Würzen nehmen.)

2 Die abgetropften Peperoni in Ringe schneiden. Die Paprikaschoten halbieren, den Strunk und die Kerne entfernen, unter fließendem Wasser waschen und abtropfen lassen. Dann in kleine Würfel schneiden.

3 Die Salami in Würfelchen schneiden. Das Öl erhitzen und die Paprikawürfel zusammen mit den Peperoniringen und den Salamiwürfelchen darin anschwitzen.

4 Den Reis dazugeben, mit Salz, Tabasco und Pfeffer würzen und erhitzen. Alles zusammen auf Tellern anrichten.

SALAMI-PAPRIKA-REIS

Zubereitungszeit: ca. 45 Min.

22 g E • 43 g F • 53 g KH • 728 kcal/3060 kJ

Für 4 Personen

250 g Vollkornreis
Salz
250 g scharfe, eingelegte Peperoni (im Glas)
3 gelbe Paprikaschoten
200 g Pfeffersalami
4-6 El Olivenöl
1 Tl Tabasco
Pfeffer

1 Den Reis in ausreichend kochendem Salzwasser garen. Anschließend abgießen und gut abtropfen lassen. Die eingelegten Peperoni in ein Sieb geben und gut abtropfen lassen. (Wer es besonders scharf mag, kann den Fond später zum Würzen nehmen.)

2 Die abgetropften Peperoni in Ringe schneiden. Die Paprikaschoten halbieren, den Strunk und die Kerne entfernen, unter fließendem Wasser waschen und abtropfen lassen. Dann in kleine Würfel schneiden.

3 Die Salami in Würfelchen schneiden. Das Öl erhitzen und die Paprikawürfel zusammen mit den Peperoniringen und den Salamiwürfelchen darin anschwitzen.

4 Den Reis dazugeben, mit Salz, Tabasco und Pfeffer würzen und erhitzen. Alles zusammen auf Tellern anrichten.

FEURIGE CANNELLONI

Zubereitungszeit: ca. 45 Min.

25 g E • 18 g F • 57 g KH • 547 kcal/2297 kJ

Für 4 Personen

300 g Cannelloni (ohne Vorkochen)
3 rote Zwiebeln
3 Knoblauchzehen
200 g Tomatenwürfel (aus der Dose)
125 ml Sangrita (gewürzter Tomatensaft) FP
125 ml Hot Salsa FP
400 g Frutti di Mare (gemischte Meeresfrüchte) TK
Salz
Cayennepfeffer
Butter für die Form
4 El Pfefferbutter

1 Die Cannelloni bereitlegen. Die Zwiebeln schälen und in feine Würfel schneiden. Die Knoblauchzehen schälen und zerdrücken.

2 Beides zusammen mit den Tomatenwürfeln, der Sangrita und der Hot Salsa in einen Topf geben und 2-3 Minuten kochen.

3 Die Meeresfrüchte auftauen lassen und zu der Sauce geben. Mit Salz und Cayennepfeffer würzen und ca. 8 Minuten schmoren.

4 Eine flache Auflaufform mit Butter einfetten. Die Cannelloni mit einem Teil der Muschel-Tomatensauce füllen, in die Auflaufform legen und die restliche Sauce darüber verteilen. Den Backofen auf 180 °C vorheizen.

5 Von der Pfefferbutter kleine Flöckchen abstechen, auf die Cannelloni legen und alles im Backofen auf der mittleren Einschubleiste ca. 25 Minuten garen.

TORTELLINI MIT PILZEN

Zubereitungszeit: ca. 30 Min.

20 g E • 24 g F • 61 g KH •
570 kcal/2396 kJ

Für 4 Personen

250 g Tortellini mit Schinkenfüllung FP
Salz
250 g Champignons
3-4 getrocknete Chilis
1 Tl rote Paprikapaste
250 ml Pilzfond
3 rote Zwiebeln
Anispulver
Kreuzkümmelpulver
Korianderpulver
4-5 El Walnussöl
4 El Paniermehl
Butter für die Form
100 g Butterflöckchen
100 g geriebener Emmentaler-Käse

1 Die Tortellini in ausreichend, kochendem Salzwasser bissfest garen. Abgießen, mit kaltem Wasser abschrecken und bereit stellen.

2 Die Pilze putzen, waschen und in Scheiben schneiden. Die Chilis zerbröseln und zusammen mit der Paprikapaste und dem Pilzfond aufkochen lassen. Die Champignons dazugeben und 5 Minuten kochen.

3 Die Zwiebeln schälen, in grobe Stücke schneiden und mit den Gewürzen, Öl und 2 EL Paniermehl in einem Mixer pürieren.

4 Eine flache Auflaufform mit Butter einfetten und die Tortellini hineinfüllen.

5 Die Pilzsauce darüber gießen und das Ganze mit der Zwiebelmasse bestreichen. Mit Butterflöckchen belegen und den Emmentaler und das restliche Paniermehl darüber streuen. Alles zusammen unter dem Grill ca. 15 Minuten goldbraun gratinieren.

SATANSBRATEN

Hier scheint der Höllenfürst höchstpersönlich den Kochlöffel zu schwingen. Egal ob gegrillt, gebraten oder geschmort, die kleinen Satansbraten treiben jedem den Schweiß auf die Stirn. Doch seien Sie vorgewarnt, die Gerichte sind so lecker, dass man bereits nach den ersten Bissen völlig der absoluten Fleischeslust verfällt.

GEWÜRZTE RINDERBRUST

Senfpulver besteht aus den gemahlenen Samenkörnern der Senfpflanze. Es ist die Grundlage für Tafelsenf.

Szetschuanpfefferkörner sind die getrockneten Beeren des chinesischen Gelbholzbaumes. Sie werden auch als Anispfeffer bezeichnet. Der Geschmack des Pfeffers ist würzig-pikant.

Bambussprossen, auch Bambusschösslinge genannt, sind die weißen Triebe der Bambuspflanze. Sie werden hier fast ausschließlich als Konservenware angeboten.

Chili-Bohnenpaste ist eine dicke Würzpaste aus fermentierten Bohnen. Ihre Schärfe erhält sie von frischen Chilischoten und anderen Gewürzen.

Zubereitungszeit: ca. 1 3/4 Std.

71 g E • 101 g F • 71 g KH • 1345 kcal/5650 kJ

Für 4 Personen

1 El Rosenpaprikapulver
1 El Senfpulver
2-3 El Chili-Bohnenpaste (aus dem Asialaden)
2-3 El Szetschuanpfefferkörner
1-1 1/2 kg ausgelöste Rinderbrust oder Tafelspitz
1-1 1/2 l Asiafond
4 Frühlingszwiebeln
4 Knoblauchzehen
1 Stück Ingwerknolle
250 g Bambussprossen (aus der Dose)
4 rote Chilis
3 El Öl
Salz
3 El Fischsauce (aus dem Asialaden)
2 El Sherry
4 El Rinderfond
2 Tl Speisestärke
1 Bund glatte Petersilie

1 Das Paprikapulver mit dem Senfpulver und der Bohnenpaste mischen. Die Szetschuanpfefferkörner in einer Pfanne ohne Fett rösten, anschließend zerkleinern und zu der Würzmischung geben.

2 Das Fleisch waschen, trocknen und rundherum mit der Würzmischung einreiben. Den Fond zum Kochen bringen und das Fleisch darin bei milder Hitze ca. 1-1 1/2 Stunden gar ziehen lassen.

3 Für die Sauce die Frühlingszwiebeln putzen, waschen, trocknen und in feine Ringe schneiden.

4 Die Knoblauchzehen schälen und zerdrücken. Die Ingwerknolle schälen und in Würfel schneiden. Die Bambussprossen in ein Sieb geben und gut abtropfen lassen.

5 Die Chilischoten halbieren, den Strunk und die Kerne entfernen, waschen und in feine Streifen schneiden.

6 Das Öl erhitzen und das Gemüse darin unter Rühren ca. 3-5 Minuten anschwitzen. Mit Salz würzen und mit der Fischsauce, dem Sherry und dem Rinderfond ablöschen.

7 Gemüse und Sauce bei milder Hitze ca. 3 Minuten kochen. Die Stärke mit etwas kaltem Wasser anrühren und die Sauce damit andicken.

8 Die Petersilie waschen, trocknen und in feine Streifen schneiden. In die Sauce geben und zusammen mit der in Scheiben geschnittenen Rinderbrust servieren.

JALAPENO BEEF-STEAK

Zubereitungszeit: ca. 1 1/2 Std.

31 g E • 37 g F • 23 g KH •
591 kcal/2483 kJ

Für 4 Personen

1 Packung Blätterteig TK
1 altbackenes Brötchen
3 Zwiebeln
1 El Kapern
15 rote und grüne Jalapeno-Chilis
600 g Tatar
1 El Rosenpaprikapulver
1 Tl geschroteter Pfeffer
Salz
Senf
2 Eier

Den Backofen auf 220 °C vorheizen. Das Brötchen in Wasser einweichen. Die Zwiebeln schälen und in Würfel schneiden. Die Kapern gut abtropfen lassen.

Die Chilischoten halbieren, den Strunk und die Kerne entfernen. Die Schoten waschen und gut trockentupfen. 10 der Chilihälften in feine Würfel schneiden.

Das Brötchen gut ausdrücken und mit dem Tatar, den Zwiebeln, den Kapern und den Chiliwürfeln verkneten. Den Fleischteig mit Paprikapulver, Pfeffer, Salz und Senf kräftig abschmecken. Ein Ei aufschlagen und mit dem Fleischteig vermengen.

Das zweite Ei trennen und mit dem Eiweiß die Ränder der Blätterteigplatten einstreichen.

Die Blätterteigplatten so nebeneinander auf eine Arbeitsfläche legen, daß sie an den Kanten ca. 1/2 cm überlappen und ein großes Rechteck entsteht. Die Kanten gut zusammendrücken.

Die restlichen Chilihälften 3-5 Minuten in kochendem Wasser blanchieren. Herausnehmen und mit kaltem Wasser abschrecken. Die Tatarmasse auf den Blätterteig streichen und die Chilihälften darauf legen.

Den Blätterteig nun aufrollen, dabei an den Kanten und Enden gut andrücken und mit dem Eigelb bestreichen. Auf ein mit Backpapier ausgelegtes Backblech legen und auf der mittleren Einschubleiste ca. 40 Minuten backen. Die Rolle anschließend etwas ruhen lassen und dann in Scheiben schneiden. Zusammen mit einer Cocktailsauce und Tortillachips servieren.

SZETSCHUAN-PERLHUHN

Zubereitungszeit: ca. 20 Min.

36 g E • 13 g F • 16 g KH •
380 kcal/1597 kJ

Für 4 Personen

750 g Austernpilze
500 g Perlhuhnbrustfilet
1 Tl Speisestärke
5 Serrano-Chilis
5 Schalotten
4 El Erdnussöl
1 Stück Ingwerknolle
1 El Szetschuanpfeffer
2 Knoblauchzehen
Salz, Pfeffer
3 El Reiswein
3 El Sojasauce
3 El Pilzfond FP

1 Die Pilze putzen, waschen, trocknen und klein schneiden. Das Fleisch waschen, trockentupfen, in Würfel schneiden und mit der Stärke einreiben.

2 Die Chilischoten halbieren, den Strunk und die Kerne entfernen, unter fließendem Wasser waschen und trocknen. Anschließend in feine Streifen schneiden. Die Schalotten schälen und in Ringe schneiden.

3 Das Öl erhitzen und das Fleisch darin portionsweise anbraten. Herausnehmen und warm stellen. Die Ingwerknolle schälen und fein würfeln. Den Szetschuanpfeffer in einer Pfanne ohne Fett anrösten und anschließend grob mahlen.

4 Die Knoblauchzehen schälen und zerdrücken. Die Schalotten, den Ingwer, die Chilis und den Knoblauch ins Bratfett geben und kurz anschwitzen.

5 Das Fleisch wieder dazugeben. Die Pilze ebenfalls dazugeben und kurz mit anschwitzen. Mit Salz, Pfeffer und Szetschuanpfeffer würzen und mit dem Reiswein, der Sojasauce und dem Pilzfond ablöschen. Das Ganze bei milder Hitze ca. 5 Minuten garen.

WILDER HACKBRATEN

Zubereitungszeit: ca. 1 1/2 Std.

42 g E • 20 g F • 9 g KH •
422 kcal/1775 kJ

Für 4 Personen

750 g Wildgulasch
5 Eier
2 altbackene Brötchen
je 1 rote, gelbe und grüne Paprikaschote
4-5 Chilis
2 Zwiebeln
1 Bund Schnittlauch
Salz
Pfeffer
Paprikapulver
2 El Öl
30 g Butter

1 Den Backofen auf 200 °C vorheizen. Das Wildgulasch durch den Fleischwolf drehen. 3 der Eier in kochendem Wasser ca. 10 Minuten hart kochen. Anschließend abschrecken und pellen.

2 Die Brötchen in Wasser einweichen. Die Paprikaschoten halbieren, den Strunk und die Kerne entfernen, waschen und trocknen. Die eine Hälfte der Paprikaschoten (von jeder Sorte jeweils eine) in Streifen und die andere Hälfte in feine Würfel schneiden.

3 Die Chilis halbieren, den Strunk und die Kerne entfernen, waschen und trocknen. Anschließend in feine Würfel schneiden. Die Zwiebeln schälen und fein hacken. Den Schnittlauch waschen, trocknen und in feine Röllchen schneiden.

4 Das Hackfleisch mit den restlichen 2 Eiern, den ausgedrückten Brötchen, den Zwiebeln, dem Schnittlauch, den Chiliwürfeln und den Paprikawürfeln zu einem einheitlichen Teig verkneten. Mit Salz, Pfeffer und Paprikapulver kräftig abschmecken. Aus dem Teig einen Braten formen und die hartgekochten Eier in die Mitte drücken.

5 Den Braten mit dem Öl einpinseln und in einen Bräter legen. Auf der mittleren Einschubleiste des Backofens ca. 1 Stunde braten. Die Butter erhitzen und die Paprikastreifen darin ca. 5 Minuten dünsten. Den Hackbraten mit den Paprikastreifen anrichten und mit Schnittlauchröllchen bestreuen.

SCHARFE ENTENKEULEN

Zubereitungszeit: ca. 45 Min.
(plus Zeit zum Marinieren)

46 g E • 35 g F • 16 g KH • 605 kcal/2543 kJ

Für 4 Personen

4 kleine Entenkeulen
1 Stück Ingwerknolle
3 Knoblauchzehen
3 El Sojasauce
Salz
Pfeffer
Zucker
Korianderpulver
Kreuzkümmelpulver
2-3 El Zitronensaft
1 Tl Sambal oelek
4 El Erdnussöl
6-8 Schalotten

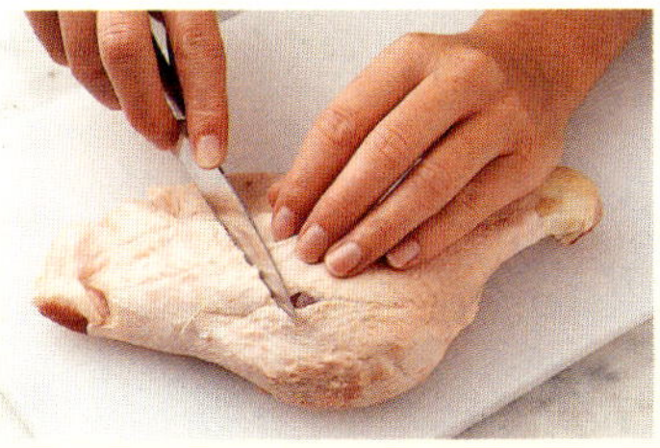

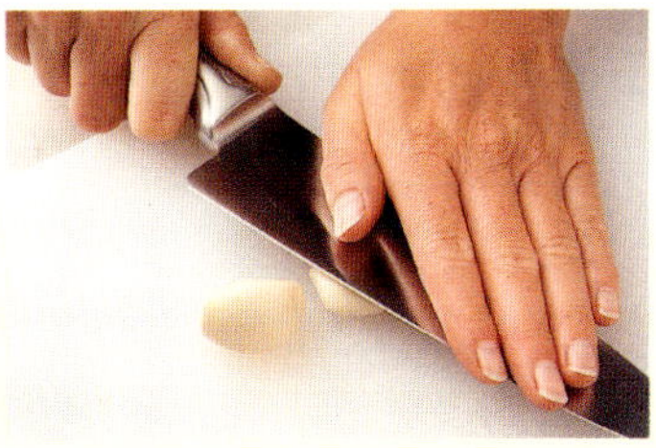

Die Entenkeulen waschen und gut trocknen. Die Haut kreuzweise einschneiden. Die Ingwerknolle schälen und in feine Würfel schneiden. Die Knoblauchzehen schälen und zerdrücken.

Den Knoblauch mit den Ingwerwürfeln, der Sojasauce, Salz, Pfeffer, Zucker, Korianderpulver, Kreuzkümmelpulver, Zitronensaft und dem Sambal oelek mischen. Die Entenkeulen damit rundherum einstreichen und ca. 6-8 Stunden marinieren.

Das Öl in einem Bräter erhitzen und die Entenkeulen darin von allen Seiten ca. 10 Minuten anbraten. Anschließend im vorgeheizten Backofen auf der mittleren Einschubleiste bei 200 °C ca. 20 Minuten fertig garen.

Die Schalotten schälen, in Ringe schneiden und 5 Minuten vor Ende der Garzeit dazugeben. Alles zusammen anrichten und servieren.

GEFÜLLTE LAMMKEULE

Rotwein unterstützt das Aroma der Lammkeule. Wer das Ganze lieber ohne Alkohol zubereiten möchte, verwendet einfach mehr Fleischbrühe.

Parmesan ist einer der beliebtesten italienischen Hartkäse. Der bröckelige Kuhmilchkäse lässt sich gut mit dem Käsehobel bearbeiten. Aber Vorsicht, er bricht sehr schnell.

Sonnenblumenöl eignet sich zum Braten, Kochen, Backen und für Salatsaucen. Man kann es aufgrund seines neutralen Geschmacks auch sehr gut mit anderen Würzölen mischen.

Stärkepulver wird mit etwas Wasser oder einer anderen kalten Flüssigkeit angerührt und zum Andicken in eine kochende Speise gegeben.

Zubereitungszeit: ca. 2 Std.

51 g E • 60 g F • 3 g KH • 847 kcal/3557 kJ

Für 4 Personen

1 kg Lammkeule ohne Knochen
4 Zwiebeln
5 rote Serrano-Chilis
4–5 El Harissa (nordafrikanische Chilipaste)
50 g geriebener Parmesankäse
3 Knoblauchzehen
Salz, Pfeffer
4–5 El Sonnenblumenöl
200 ml Rotwein
100 ml Fleischbrühe
Speisestärke
Kräuter zum Garnieren

1 Das Fleisch waschen, trocknen und mit einem scharfen Messer eine Tasche einschneiden. Die Zwiebeln schälen und in Würfel schneiden.

2 Die Chilischoten waschen, entkernen und fein hacken. Die Harissapaste mit dem Parmesan, den Zwiebeln und den Chilis mischen. Die Knoblauchzehen schälen und dazupressen. Den Backofen auf 180 °C vorheizen.

3 Die Masse in die Tasche der Lammkeule füllen und alles mit Holzspießen feststecken. Das Fleisch mit Salz und Pfeffer würzen. Das Öl in einem Bräter erhitzen und das Fleisch darin von allen Seiten ca. 10 Minuten anbraten.

4 Mit dem Rotwein und der Fleischbrühe angießen. Alles im Backofen ca. 1 1/2 Stunden garen. Das Fleisch in Scheiben schneiden und den Bratenfond etwas einkochen lassen. Evtl. mit etwas Speisestärke andicken. Mit Kräutern garnieren.

11100 NARBONNE

SALSA-GEFLÜGEL-BURGER

Zubereitungszeit: ca. 25 Min.

31 g E • 27 g F • 59 g KH •
646 kcal/2715 kJ

Für 4 Personen

500 g Putenschnitzel
2-3 El Salsasauce FP
60 g Tortillachips
2 Knoblauchzehen
Salz
Cayennepfeffer
Senf- und Kreuzkümmelpulver
3-4 El Olivenöl
4 Hamburger-Brötchen
2 Tomaten
4 Lollo rosso-Salatblätter
4 Lollo bianco-Salatblätter
Salsa nach Geschmack

1 Die Putenschnitzel waschen, trocknen und durch den Fleischwolf drehen. Das Geflügelhack mit der Salsasauce mischen.

2 Die Tortillachips zerbröseln und dazugeben. Die Knoblauchzehen schälen, fein würfeln und zu der Hackmasse geben.

3 Das Ganze mischen und kräftig mit den Gewürzen abschmecken. Den Fleischteig zu 4 Hacksteaks formen und in dem Olivenöl von beiden Seiten je 6-8 Minuten braten.

4 Die Brötchen auf dem Toaster kurz aufback und halbieren. Die Tomaten waschen, den S ansatz entfernen und in Scheiben schneider

5 Die Salatblätter waschen und trocknen. Die Brötchen mit den Salatblättern, den Tomate scheiben und je einem Hacksteak belegen u mit Salsa je nach Geschmack servieren.

FILET „NEW ORLEANS"

Zubereitungszeit: ca. 20 Min.
(plus Zeit zum Marinieren)

41 g E • 33 g F • 8 g KH •
537 kcal/2258 kJ

Für 4 Personen

2 Papayas
800 g Schweinefilet
1 El Paprikapulver
1 Tl getrockneter Thymian
Salz
Cayennepfeffer
3-4 El Zitronensaft
3-4 rote Chilis
1 Tl frisch geriebener Ingwer
1 Tl Zucker
1 rote Paprikaschote
4-5 El gewürztes Sesamöl

1 Die Papayas schälen, halbieren, die Kerne entfernen und die Früchte in Würfel schneiden. Die Schweinefilets waschen, trocknen und in ca. 2-3 cm dicke Scheiben schneiden.

2 Die Schweinefilets mit Paprikapulver, Thymian, Salz und Cayennepfeffer einreiben und im Kühlschrank 30-40 Minuten durchziehen lassen.

3 Den Zitronensaft auf die Papayawürfel träufeln. Die Chilischoten halbieren, den Strunk und die Kerne entfernen, waschen, trocknen und die Schoten in feine Streifen schneiden.

4 Die Chilistreifen zusammen mit dem Ingwer und dem Zucker zu den Papayawürfeln geben. Die Paprikaschote halbieren, den Strunk und die Kerne entfernen, waschen, trocknen und die Schote in feine Würfel schneiden.

5 Die Paprikawürfel zu der Papaya geben und das Ganze in 2-3 El Sesamöl ca. 3-4 Minuten dünsten. Das restliche Öl in einer zweiten Pfanne erhitzen und das Fleisch darin von beiden Seiten ca. 5-6 Minuten braten. Das Fleisch zusammen mit dem Obst-Gemüse-Mix anrichten und servieren.

CHILI CON CARNE

Zwiebeln gehören zu den Lauchgewächsen und sind aus unseren Haushalten nicht mehr wegzudenken. Sie sind gesund und wirken z.B. cholesterin- und blutdrucksenkend.

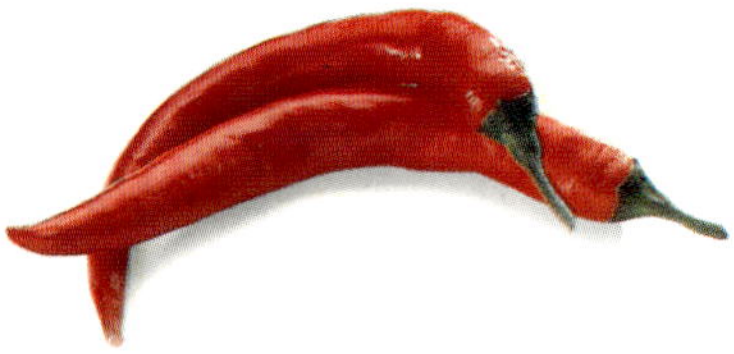

Bei Chilis gilt die Faustregel: Je kleiner desto schärfer. Sie sollten immer nur sehr sparsam eingesetzt werden.

Tomatenstücke aus der Dose erleichtern die Arbeit ungemein und sind prima zur Vorratshaltung geeignet. Natürlich kann man anstelle der Dosentomaten auch frische Tomaten verwenden. Dazu die Tomaten schälen und in Würfel schneiden.

Chilipulver wird aus getrockneten Chilischoten hergestellt. Ihm werden aber auch oft noch andere Gewürze wie Knoblauch, Salz und Piment zugefügt.

Zubereitungszeit: ca. 1 3/4 Std.
(plus Einweichzeit)

33 g E • 36 g F • 20 g KH •
586 kcal/2463 kJ

Für 4 Personen

250 g getrocknete rote Bohnen
Salz
Pfeffer
250 g Zwiebeln
2 grüne Paprikaschoten
6 Chilis
600 g gemischtes Hackfleisch
5 El Öl
1 El Rosenpaprikapulver
300 g geschälte Dosentomaten
4 Knoblauchzehen
100 g Tomatenmark
250 ml Rinderfond
Chilipulver

1 Die Bohnen über Nacht in ausreichend kaltem Wasser einweichen. Anschließend in dem Einweichwasser mit Salz und Pfeffer 1 Stunde kochen.

2 Die Zwiebeln schälen und in feine Würfel schneiden. Die Paprika- und Chilischoten halbieren, die Kerne und den Strunk entfernen, waschen, trocknen und in Würfel schneiden.

3 Das Hackfleisch in dem erhitzten Öl krümelig braten. Mit Salz, Pfeffer und Rosenpaprikapulver kräftig abschmecken.

4 Das Fleisch herausnehmen und warm stellen. Die Zwiebeln zusammen mit den Paprika- und Chiliwürfeln in dem verbliebenen Bratfett kurz anschwitzen.

5 Die gekochten Bohnen in ein Sieb geben und gut abtropfen lassen. Zusammen mit dem Hackfleisch zu dem Gemüse geben. Die Dosentomaten mit Saft dazugeben.

FILET „NEW ORLEANS“

Zubereitungszeit: ca. 20 Min.
(plus Zeit zum Marinieren)

41 g E • 33 g F • 8 g KH •
537 kcal/2258 kJ

Für 4 Personen

2 Papayas
800 g Schweinefilet
1 El Paprikapulver
1 Tl getrockneter Thymian
Salz
Cayennepfeffer
3-4 El Zitronensaft
3-4 rote Chilis
1 Tl frisch geriebener Ingwer
1 Tl Zucker
1 rote Paprikaschote
4-5 El gewürztes Sesamöl

1 Die Papayas schälen, halbieren, die Kerne entfernen und die Früchte in Würfel schneiden. Die Schweinefilets waschen, trocknen und in ca. 2-3 cm dicke Scheiben schneiden.

2 Die Schweinefilets mit Paprikapulver, Thymian, Salz und Cayennepfeffer einreiben und im Kühlschrank 30-40 Minuten durchziehen lassen.

3 Den Zitronensaft auf die Papayawürfel träufeln. Die Chilischoten halbieren, den Strunk und die Kerne entfernen, waschen, trocknen und die Schoten in feine Streifen schneiden.

4 Die Chilistreifen zusammen mit dem Ingwer und dem Zucker zu den Papayawürfeln geben. Die Paprikaschote halbieren, den Strunk und die Kerne entfernen, waschen, trocknen und die Schote in feine Würfel schneiden.

5 Die Paprikawürfel zu der Papaya geben und das Ganze in 2-3 El Sesamöl ca. 3-4 Minuten dünsten. Das restliche Öl in einer zweiten Pfanne erhitzen und das Fleisch darin von beiden Seiten ca. 5-6 Minuten braten. Das Fleisch zusammen mit dem Obst-Gemüse-Mix anrichten und servieren.

BABY-PUTE „SAN DIEGO“

Zubereitungszeit: ca. 2 Std.

16 g E • 65 g F • 16 g KH •
1237 kcal/5198 kJ

Für 4 Personen

1 Babypute (ca. 1,5–2 kg)
Salz
Barbecuegewürz FP
2 El Chiliöl
2 Zwiebeln
2 Knoblauchzehen
4 grüne Chilis
250 g Tomaten
50 g gemahlene Mandeln
1/2 Scheibe Weißbrot
2 El Rosinen
Nelkenpulver
Zimtpulver
1 El Öl
1 El Tomatenmark
250 ml Hühnerfond
40–50 g Kakaopulver
Chilipulver
1 El Sesamsaat

1 Den Backofen auf 180 °C vorheizen. Die Babypute waschen und gut trocknen. Die Pute von innen und außen mit Salz, Barbecuegewürz und Chiliöl einreiben.

2 Die Pute in einen großen Bräter legen und auf der mittleren Einschubleiste im Backofen 1-1 1/2 Stunden garen. Zwischendurch immer wieder mit dem austretenden Fett begießen.

3 Für die Sauce die Zwiebeln und die Knoblauchzehen schälen und in grobe Würfel schneiden. Die Chilis halbieren, den Strunk und die Kerne entfernen und unter fließendem, kaltem Wasser waschen.

4 Die Chilis anschließend in grobe Stücke schneiden. Die Tomaten kreuzweise einritzen, kurz in kochendes Wasser tauchen, dann in kaltem Wasser abschrecken, die Haut abziehen und grob zerkleinern.

5 Die Mandeln in einer Pfanne ohne Fett rösten. Die Rinde vom Weißbrot entfernen und zusammen mit den Zwiebel- und Knoblauchwürfeln, den Chilis, den Tomaten, den Mandeln und den Rosinen in einen Mixer geben und pürieren.

6 Das Püree mit Nelkenpulver und Zimt würzen und in dem erhitzten Öl anschwitzen. Das Tomatenmark unterrühren, mit dem Hühnerfond ablöschen und alles bei milder Hitze unter Rühren ca. 5 Minuten köcheln lassen.

7 Das Kakaopulver mit etwas kaltem Wasser anrühren und unter die Sauce mischen. Die Sauce mit Salz und Chilipulver kräftig abschmecken. Die Sesamsaat in einer Pfanne ohne Fett rösten. Die Pute mit der Sauce anrichten und mit Sesamsaat bestreut servieren.

ARABISCHES LAMMRAGOUT

Zubereitungszeit: ca. 1 1/2 Std.

1 g E • 50 g F • 1 g KH •
639 kcal/2685 kJ

Für 4 Personen

750 g Lammfleisch aus der Keule
Salz
Pfeffer
Rosenpaprikapulver
100 ml Olivenöl
2 El Tomatenmark
30 g Butter
1 Bund Petersilie
1 Zwiebel
Saft einer Zitrone
1 Tl Harissa (nordafrikanische Chilipaste)

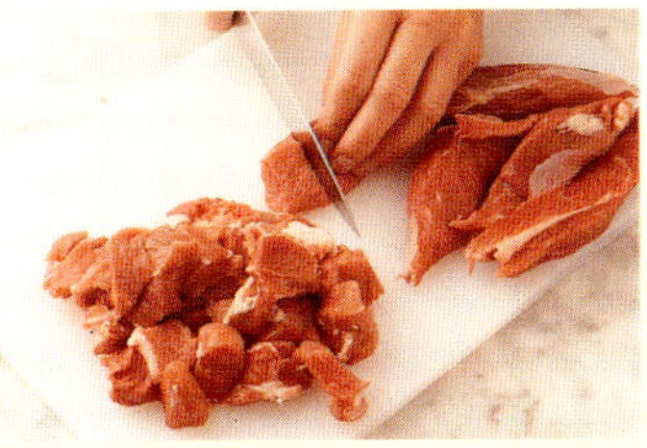

1 Das Fleisch unter fließendem, kaltem Wasser waschen, trocknen und anschließend in Würfel schneiden.

2 Die Lammwürfel mit Salz, Pfeffer und Paprikapulver kräftig würzen und in dem erhitzten Olivenöl portionsweise anbraten.

3 Das Tomatenmark dazugeben und alles zusammen mit ca. 750 ml Wasser ablöschen. Zugedeckt bei milder Hitze ca. 1 Stunde garen.

4 Anschließend die Butter in Flöckchen darunter rühren und das Ragout nicht mehr kochen lassen.

5 Die Petersilie waschen, trocknen und fein hacken. Die Zwiebel schälen und in kleine Würfel schneiden. Beides mit dem Zitronensaft und der Harissa-Paste mischen und kurz vor dem Servieren über das Ragout geben.

OCHSENSCHWANZ

Zubereitungszeit: ca. 2 Std.

53 g E • 49 g F • 4 g KH •
729 kcal/3064 kJ

Für 4 Personen

4 El Olivenöl
4 El Bacon bits
4 rote Zwiebeln
2 Möhren
3 Stangen Staudensellerie
1 kg Ochsenschwanz
500 ml Rotwein
Salz
Chilipulver
Cayennepfeffer
250 g geschälte Tomaten (aus der Dose)
Tabasco

Die Hälfte des Olivenöls erhitzen und die Bacon bits darin auslassen. Die Zwiebeln schälen und in Würfel schneiden.

Die Möhren schälen und in Stifte schneiden. Von den Selleriestangen die harten Außenfäden entfernen, die Stangen waschen, trocknen und in Scheiben schneiden.

Das Gemüse zu den Bacon bits geben und ca. 5 Minuten dünsten. Den Ochsenschwanz waschen, trocknen und in Scheiben schneiden. Anschließend im restlichen Olivenöl scharf anbraten.

Gemüse und Wein zum Fleisch geben. Mit den Gewürzen kräftig abschmecken und alles ca. 60-80 Minuten schmoren.

Die Tomaten mit Saft dazugeben und weitere 10 Minuten bei milder Hitze schmoren.

Den Ochsenschwanz vor dem Servieren mit etwas Tabasco würzen und nach Wunsch mit frischen Kräutern bestreuen.

Sieb ge-
. Zusam-
dem Ge-
en mit

ARABISCHES LAMMRAGOUT

Zubereitungszeit: ca. 1 1/2 Std.

1 g E • 50 g F • 1 g KH •
639 kcal/2685 kJ

Für 4 Personen

750 g Lammfleisch aus der Keule
Salz
Pfeffer
Rosenpaprikapulver
100 ml Olivenöl
2 El Tomatenmark
30 g Butter
1 Bund Petersilie
1 Zwiebel
Saft einer Zitrone
1 Tl Harissa (nordafrikanische Chilipaste)

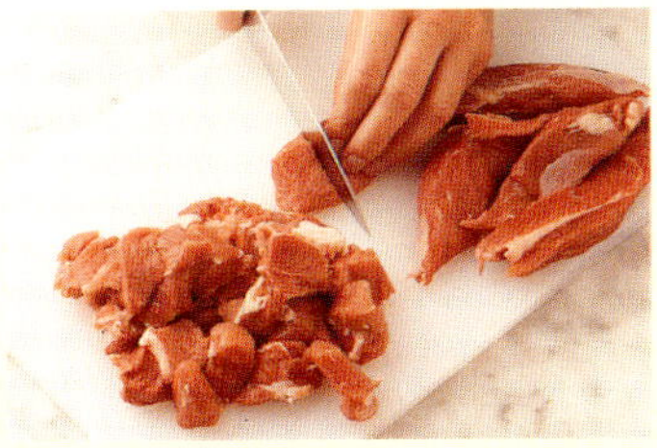

1 Das Fleisch unter fließendem, kaltem Wasser waschen, trocknen und anschließend in Würfel schneiden.

2 Die Lammwürfel mit Salz, Pfeffer und Paprikapulver kräftig würzen und in dem erhitzten Olivenöl portionsweise anbraten.

3 Das Tomatenmark dazugeben und alles zusammen mit ca. 750 ml Wasser ablöschen. Zugedeckt bei milder Hitze ca. 1 Stunde garen.

4 Anschließend die Butter in Flöckchen darunter rühren und das Ragout nicht mehr kochen lassen.

5 Die Petersilie waschen, trocknen und fein hacken. Die Zwiebel schälen und in kleine Würfel schneiden. Beides mit dem Zitronensaft und der Harissa-Paste mischen und kurz vor dem Servieren über das Ragout geben.

CHILI CON CARNE

Zwiebeln gehören zu den Lauchgewächsen und sind aus unseren Haushalten nicht mehr wegzudenken. Sie sind gesund und wirken z.B. cholesterin- und blutdrucksenkend.

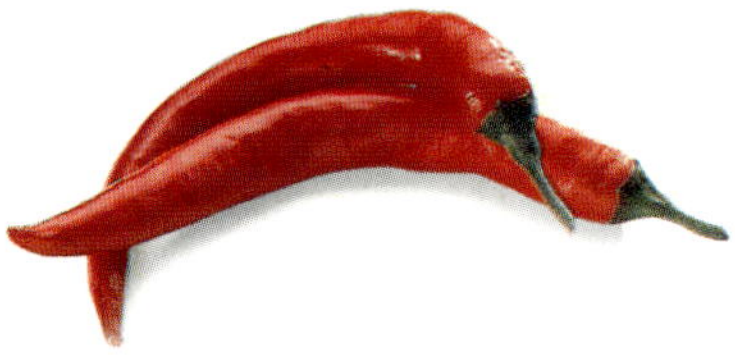

Bei Chilis gilt die Faustregel: Je kleiner desto schärfer. Sie sollten immer nur sehr sparsam eingesetzt werden.

Tomatenstücke aus der Dose erleichtern die Arbeit ungemein und sind prima zur Vorratshaltung geeignet. Natürlich kann man anstelle der Dosentomaten auch frische Tomaten verwenden. Dazu die Tomaten schälen und in Würfel schneiden.

Chilipulver wird aus getrockneten Chilischoten hergestellt. Ihm werden aber auch oft noch andere Gewürze wie Knoblauch, Salz und Piment zugefügt.

Zubereitungszeit: ca. 1 3/4 Std.
(plus Einweichzeit)

33 g E • 36 g F • 20 g KH •
586 kcal/2463 kJ

Für 4 Personen

250 g getrocknete rote Bohnen
Salz
Pfeffer
250 g Zwiebeln
2 grüne Paprikaschoten
6 Chilis
600 g gemischtes Hackfleisch
5 El Öl
1 El Rosenpaprikapulver
300 g geschälte Dosentomaten
4 Knoblauchzehen
100 g Tomatenmark
250 ml Rinderfond
Chilipulver

1 Die Bohnen über Nacht in ausreichend kaltem Wasser einweichen. Anschließend in dem Einweichwasser mit Salz und Pfeffer 1 Stunde kochen.

2 Die Zwiebeln schälen und in feine Würfel schneiden. Die Paprika- und Chilischoten halbieren, die Kerne und den Strunk entfernen, waschen, trocknen und in Würfel schneiden.

3 Das Hackfleisch in dem erhitzten Öl krümelig braten. Mit Salz, Pfeffer und Rosenpaprikapulver kräftig abschmecken.

4 Das Fleisch herausnehmen und warm stellen. Die Zwiebeln zusammen mit den Paprika- und Chiliwürfeln in dem verbliebenen Bratfett kurz anschwitzen.

5 Die gekochten Bohnen in ein Sieb geben und gut abtropfen lassen. Zusammen mit dem Hackfleisch zu dem Gemüse geben. Die Dosentomaten mit Saft dazugeben.

6

Die Knoblauchzehen schälen und durchpressen. Zusammen mit dem Tomatenmark und dem Rinderfond zum Chilifleisch geben. Alles zugedeckt ca. 15 Minuten köcheln lassen. Das Chili mit dem Chilipulver kräftig abschmecken und servieren.

TIPP

Das Chili eignet sich besonders gut für ein Essen mit Freunden. Man kann es sehr gut vorbereiten und braucht es bei Ankunft der Gäste nur noch warm zu machen.

OCHSENSCHWANZ

Zubereitungszeit: ca. 2 Std.

53 g E • 49 g F • 4 g KH •
729 kcal/3064 kJ

Für 4 Personen

4 El Olivenöl
4 El Bacon bits
4 rote Zwiebeln
2 Möhren
3 Stangen Staudensellerie
1 kg Ochsenschwanz
500 ml Rotwein
Salz
Chilipulver
Cayennepfeffer
250 g geschälte Tomaten
(aus der Dose)
Tabasco

1 Die Hälfte des Olivenöls erhitzen und die Bacon bits darin auslassen. Die Zwiebeln schälen und in Würfel schneiden.

2 Die Möhren schälen und in Stifte schneiden. Von den Selleriestangen die harten Außenfäden entfernen, die Stangen waschen, trocknen und in Scheiben schneiden.

3 Das Gemüse zu den Bacon bits geben und ca. 5 Minuten dünsten. Den Ochsenschwanz waschen, trocknen und in Scheiben schneiden. Anschließend im restlichen Olivenöl scharf anbraten.

4 Gemüse und Wein zum Fleisch geben. Mit den Gewürzen kräftig abschmecken und alles ca. 60-80 Minuten schmoren.

5 Die Tomaten mit Saft dazugeben und weitere 10 Minuten bei milder Hitze schmoren.

6 Den Ochsenschwanz vor dem Servieren mit etwas Tabasco würzen und nach Wunsch mit frischen Kräutern bestreuen.

BARBECUE-ROLLBRATEN

Zubereitungszeit: ca. 2 1/2 Std.

45 g E • 90 g F • 2 g KH •
1079 kcal/4533 kJ

Für 4 Personen

1,2 kg Schweineschulter ohne Knochen (vom Metzger für einen Rollbraten zurechtschneiden lassen)
Salz, 2 El Löwensenf
2 El Barbecuesauce
2 Salatgurken
Tabasco
4 El Öl
Currypulver, 2-3 El Sojasauce
2 El Essig, 1 El Zucker
3 rote Chilis

1 Den Braten waschen, trocknen, von beiden Seiten salzen und die Innenseite mit dem Senf und der Barbecuesauce einstreichen. Aufrollen und fest mit Küchengarn umwickeln.

2 Die Gurken schälen, längs halbieren, die Kerne entfernen und in Scheiben schneiden. Mit Salz und Tabasco würzen und ca. 10 Minuten ruhen lassen.

3 Die Hälfte des Öls erhitzen und den Braten darin rundherum kräftig anbraten. Mit ca. 250 ml Wasser ablöschen und zugedeckt bei milder Hitze ca. 2 Stunden schmoren.

4 Die Gurken in dem restlichen Öl kurz anschwitzen, mit Currypulver, Sojasauce, Essig und Zucker würzen.

5 Die Chilischoten halbieren, den Strunk und die Kerne entfernen, waschen, trocknen und in Streifen schneiden.

6 Die Chilis zu den Gurken geben und alles zusammen ca. 3 Minuten schmoren. Den Braten zusammen mit dem Gurken-Chili-Gemüse servieren, eventuell mit frischen Kräutern garnieren.

SPIESSE MIT CHILICREME

Zubereitungszeit: ca. 55 Min.

53 g E • 27 g F • 10 g KH •
571 kcal/2400 kJ

Für 4 Personen

1 El Chilipulver
1/2 El gemahlener Kümmel
1 El Knoblauchpulver
1 El Senfpulver
1 El Zwiebelpulver
1 El getrockneter Oregano
Salz
1 kg Schweineschinkenbraten
je 1 rote, gelbe und grüne Paprikaschote
2 El Öl
200 g Schmand
1 El Chilipulver
4 El Harissa (nordafrikanische Chilipaste)
2 El Gin

1 Die Gewürze miteinander mischen. Den Schweinebraten waschen, trocknen und in gleich große Würfel schneiden.

2 Das Fleisch mit der Würzmischung bestreuen und ca. 30 Minuten im Kühlschrank ruhen lassen. Die Paprikaschoten halbieren, den Strunk und die Kerne entfernen, waschen, trocknen und in gleich große Stücke schneiden.

3 Die Fleischwürfel abwechselnd mit den Paprikastücken auf Holzspieße stecken. Das Öl erhitzen und die Spieße darin von allen Seiten gleichmäßig insgesamt ca. 15-18 Minuten braten.

4 Den Schmand mit Salz, Chilipulver, Harissa und Gin glatt rühren. Die Spieße zusammen mit der Sauce anrichten und servieren.

PIKANTES KANINCHEN

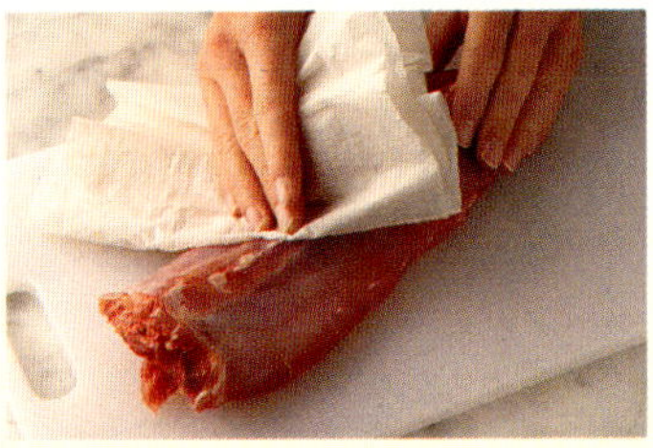

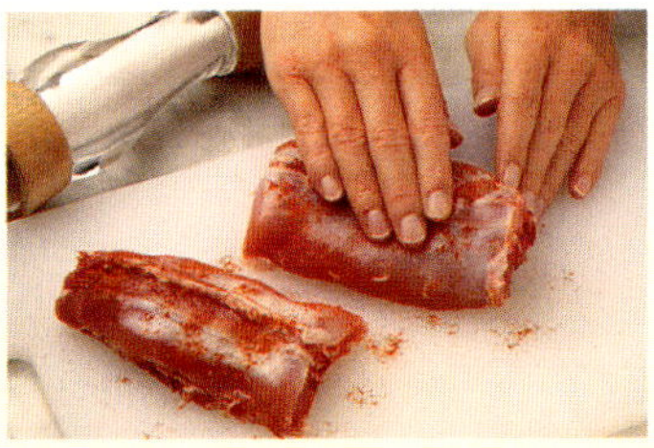

Zubereitungszeit: ca. 45 Min.

75 g E • 35 g F • 9 g KH • 808 kcal/3393 kJ

Für 4 Personen

2 Kaninchenrücken (ca. 1,5 kg)
Salz
Cayennepfeffer
Rosenpaprikapulver
3 El Öl
2 Gemüsezwiebeln
500 ml Sangrita (gewürzter Tomatensaft)
1-2 El Chilisauce
4 El Weißwein
1-2 El scharfer Senf
1 Bund Petersilie
1/4 Bund Oregano

1 Die Kaninchenrücken waschen, trocknen und in der Mitte quer teilen. Mit Salz, Cayennepfeffer und Rosenpaprikapulver einreiben.

2 Das Öl erhitzen und das Fleisch darin rundherum braun anbraten. Herausnehmen und warm stellen. Die Zwiebeln schälen und in Ringe schneiden.

3 Die Zwiebelringe in dem verbliebenen Fett glasig dünsten. Das Fleisch wieder darauflegen und Sangrita, Chilisauce, Weißwein und Senf dazugeben.

4 Das Ganze zugedeckt bei milder Hitze ca. 30 Minuten schmoren lassen.

5 Die Kräuter waschen, trocknen und fein hacken. Das Kaninchen mit den Kräutern bestreut servieren.

ROASTBEEF NACH THAI-ART

Kokosfett wird aus dem Fleisch der Kokosnuss gewonnen. Es hat einen sehr hohen Schmelzpunkt und wird daher gerne zum Braten von großen Fleischstücken verwendet.

Fleischbrühe kann man heute als Fertigprodukt in jedem Supermarkt kaufen. Der Rinderfond aus dem Glas ist besonders praktisch. Zur Vorratshaltung eignen sich die sogenannten Brühwürfel aber ebenfalls sehr gut.

Zitronengras ist eine beliebte Zutat in der thailändischen und vietnamesischen Küche. Das intensiv nach Zitrone schmeckende Gewürz wird in Asialäden das ganze Jahr über frisch oder getrocknet angeboten.

Koriander, auch chinesische Petersilie genannt, schmeckt und riecht nach Anis. Das Aroma der Samen erinnert dagegen eher an Orangenschalen.

Zubereitungszeit: ca. 1 Std.

67 g E • 33 g F • 3 g KH •
637 kcal/26782 kJ

Für 4 Personen

1-1 1/2 kg gut abgehangenes Roastbeef
3 El süßer Senf
3 El Kokosfett
200 ml Fleischbrühe
1/4 Bund Koriandergrün
2-3 rote Thai-Chilis
2 Stangen Zitronengras
1 Tl Limettensaft
1/2 Salatgurke
3 Möhren
Chilisauce
Sesam zum Bestreuen

1 Das Fleisch waschen, trocknen und mit dem Senf einreiben. Das Fett in einem Bräter erhitzen und das Fleisch darin von allen Seiten anbraten.

2 Dann mit der Brühe ablöschen und bei milder Hitze ca. 40 Minuten ziehen lassen, dabei das Fleisch immer wieder mit dem eigenen Saft begießen. Den Koriander waschen, trocknen und die einzelnen Blättchen abzupfen.

3 Die Chilischoten halbieren, den Strunk und die Kerne entfernen, waschen, trockentupfen und die Schoten in Streifen schneiden.

4 Das Zitronengras putzen, waschen und fein hacken. Zusammen mit den Chilistreifen, den Korianderblättchen und dem Limettensaft mischen. Ca. 15 Minuten vor Ende der Garzeit zum Fleisch geben.

5 Das Fleisch in Scheiben schneiden, fächerförmig auf einer Platte anrichten und mit etwas Fond überziehen. Die Gurke waschen, trocknen und in Fächer schneiden.

6 Die Möhren schälen und zu Blüten schneiden. Das Roastbeef mit Chilisauce beträufeln und mit den Gurkenfächern, Möhrenblüten und Sesam garniert servieren.

TIPP

Das Roastbeef sollte innen schön saftig und noch etwas rosa sein. Damit sich das Fleisch gut braten lässt und nicht viel Wasser verliert, sollte es gut abgehangen sein.

GÄNSEKEULEN VOM BLECH

Zubereitungszeit: ca. 1 1/2 Std.
(plus Zeit zum Marinieren)

93 g E • 29 g F • 20 g KH •
794 kcal/3335 kJ

Für 4 Personen

750 ml Buttermilch
1 El zerdrückte Wacholderbeeren
1 El scharfe Paprikapaste
2 rote Zwiebeln
2 Chilis
Salz
1,5 kg Gänsekeulen
Pfeffer
2 rote Paprikaschoten
2 grüne Paprikaschoten
250 g Tomaten

1 Die Buttermilch mit den Wacholderbeeren und der Paprikapaste verrühren. Die Zwiebeln schälen, in Viertel schneiden und dazugeben.

2 Die Chilischoten halbieren, den Strunk und die Kerne entfernen, waschen, trocknen und in grobe Stücke schneiden. Zusammen mit etwas Salz in die Buttermilch geben.

3 Die Gänsekeulen waschen, trocknen und in die Buttermilchmarinade legen. Über Nacht zugedeckt durchziehen lassen.

4 Den Backofen auf 200 °C vorheizen. Die Gänsekeulen aus der Marinade nehmen, pfeffern und in die Fettpfanne des Backofens legen. Die Zwiebeln und die Chilis aus der Marinade dazugeben.

5 Die Paprikaschoten halbieren, den Strunk und die Kerne entfernen, waschen, trocknen und in grobe Stücke schneiden. Zusammen mit 250 ml der Marinade zum Fleisch geben und alles zusammen auf der mittleren Einschubleiste des Backofens ca. 1 Stunde schmoren.

6 Die Tomaten kreuzweise einritzen, kurz in kochendes Wasser tauchen, in kaltem Wasser abschrecken und die Haut abziehen. Den Stielansatz entfernen und die Tomaten in grobe Stücke schneiden. Zu den Gänsekeulen geben und noch ca. 5 Minuten schmoren. Keulen mit dem Paprikagemüse servieren, eventuell mit frischen Kräutern bestreuen.

HASENPÖRKÖLT

Zubereitungszeit: ca. 1 3/4 Std.

81 g E • 31 g F • 19 g KH •
749 kcal/3145 kJ

Für 4 Personen

4 Hasenkeulen (ca. 1,5 kg)
600 g rote Zwiebeln
2 El Schmalz
Salz
Pfeffer
Chilipulver
750 ml Wildfond
5 grüne Paprikaschoten
250 g Tomaten
1 El Paprikapaste

1 Die Keulen waschen, trocknen, dann das Fleisch von den Knochen lösen. Das Hasenfleisch anschließend in mundgerechte Stücke schneiden. Die Zwiebeln schälen und grob würfeln. Das Schmalz erhitzen und die Zwiebeln darin glasig andünsten. Herausnehmen und beiseite stellen.

2 Das Fleisch in dem verbliebenen Bratfett rundherum kräftig anbraten, mit Salz, Pfeffer und Chilipulver würzen. Die Zwiebeln wieder dazugeben und alles mit dem Wildfond ablöschen. Zugedeckt ca. 1 Stunde bei milder Hitze schmoren lassen.

3 Die Paprikaschoten halbieren, den Strunk und die Kerne entfernen, waschen, trocknen und in grobe Würfel schneiden. Die Tomaten kreuzweise einritzen, kurz in kochendes Wasser tauchen, in kaltem Wasser abschrecken und die Haut abziehen. Die Tomaten anschließend in grobe Stücke schneiden.

4 Das Gemüse 20 Minuten vor Ende der Garzeit dazugeben und weiter schmoren. Alles vor dem Servieren mit der Paprikapaste nachwürzen. Auf Tellern anrichten und mit Kräutern garnieren.

RINDERCURRY

Zubereitungszeit: ca. 1 Std.
(plus Zeit zum Marinieren)

41 g E • 74 g F • 10 g KH •
939 kcal/3945 kJ

Für 4 Personen

900 g Rindergulasch
3 Zwiebeln
4 Knoblauchzehen
1 Stück Ingwerknolle
3 Stengel Zitronengras
3-4 Chilis
500 ml Kokosmilch
1 Tl Zimtpulver
1 El Korianderkörner
1 El Kreuzkümmel
4 Nelken
1 El Pfefferkörner
4 El Erdnussöl
Saft einer Zitrone
Chilisauce

1 Das Fleisch waschen, trocknen und in mundgerechte Stücke schneiden. Die Zwiebeln und die Knoblauchzehen schälen. Die Ingwerknolle schälen und grob zerkleinern.

2 Das Zitronengras putzen, waschen und trocknen. Die Chilischoten halbieren, den Strunk und die Kerne entfernen, waschen, trocknen und in grobe Stücke schneiden.

3 Eine der Zwiebeln in Stücke schneiden und zusammen mit den Knoblauchzehen, dem Ingwer, dem Weißen des Zitronengrases, den Chilischoten und der Hälfte der Kokosmilch in einen Mixer geben und pürieren.

4 Die Fleischstücke mit dieser Marinade übergießen und im Kühlschrank ca. 2-3 Stunden ruhen lassen. Die Gewürze in einer Pfanne ohne Fett rösten und anschließend in einem Mörser zerstoßen.

5 Die restlichen Zwiebeln in Würfel schneiden. Das Öl erhitzen und die Zwiebelwürfel darin glasig anschwitzen. Das Fleisch aus der Marinade nehmen, dazugeben und rundherum kurz anbraten.

6 Anschließend die Marinade, den Rest der Kokosmilch, den Zitronensaft und die Gewürzmischung zufügen. Alles zugedeckt ca. 45 Minuten schmoren lassen. Das Rindercurry mit der Chilisauce scharf abschmecken und servieren.

SCHNITZEL „ARRABBIATA"

Zubereitungszeit: ca. 50 Min.

31 g E • 18 g F • 6 g KH •
346 kcal/1456 kJ

Für 4 Personen

24 kleine, dünne Kalbsschnitzel
Salz
Pfeffer
Mehl
2 Eier
Paniermehl
Öl zum Braten
600 g Eiertomaten
4 scharfe Chilis
4 El Olivenöl
2–3 Knoblauchzehen
1 El frisch gehacktes Basilikum
Cayennepfeffer

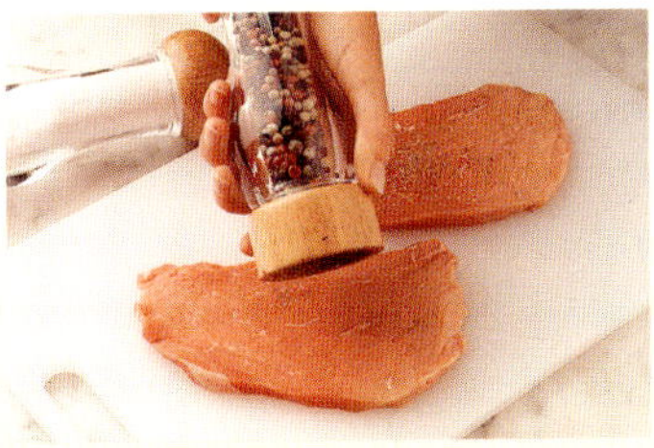

1 Die Schnitzel waschen, trocknen und mit Salz und Pfeffer würzen. Die Schnitzel nacheinander erst in Mehl, dann in den verquirlten Eiern und zum Schluss in Paniermehl wenden. Öl erhitzen und die Schnitzel darin von beiden Seiten 4-5 Minuten braten.

2 Die Tomaten kreuzweise einritzen, kurz in kochendes Wasser tauchen, mit kaltem Wasser abschrecken und die Haut abziehen. Den grünen Stielansatz entfernen und die Tomaten in Würfel schneiden.

3 Die Chilischoten halbieren, den Strunk und die Kerne entfernen, waschen, trocknen und in Würfel schneiden. Die Chiliwürfel zusammen mit den Tomaten in dem erhitzten Olivenöl ca. 20-25 Minuten köcheln.

4 Die Knoblauchzehen schälen, fein hacken und zusammen mit dem Basilikum zur Sauce geben. Weitere 5 Minuten köcheln und das Ganze kräftig mit Salz und Cayennepfeffer abschmecken. Die Sauce zu den Schnitzeln servieren.

KLEINE SATANSBRATEN

Zubereitungszeit: ca. 1 Std.

35 g E • 50 g F • 21 g KH • 722 kcal/3032 kJ

Für 4 Personen

1 altbackenes Brötchen
2 Zwiebeln
2 Knoblauchzehen
1 Bund Petersilie
750 g Rinderhackfleisch
1 Ei
Salz
Pfeffer
Paprikapulver
1 El Senf
300 g Crème fraîche
Tabasco
1 El bunte, eingelegte Pfefferkörner
2 eingelegte Peperoni
4 El Paniermehl
50 g Butter

1 Den Backofen auf 180 °C vorheizen. Das Brötchen in lauwarmem Wasser einweichen. Die Zwiebeln und die Knoblauchzehen schälen und in feine Würfel schneiden.

2 Die Petersilie waschen, trocknen und fein hacken. Das Brötchen ausdrücken und mit dem Rinderhack, den Zwiebel- und Knoblauchwürfeln, dem Ei, Salz, Pfeffer, Paprikapulver und Senf zu einem Fleischteig verkneten.

3 Aus dem Teig ca. 24 kleine, flache Bällchen formen und auf ein mit Alufolie ausgelegtes Backblech setzen. Auf der mittleren Einschubleiste des Backofens ca. 25-30 Minuten backen.

4 Die Frikadellen abkühlen lassen. Die Crème fraîche mit Tabasco und Pfefferkörnern verrühren. Die Peperoni abtropfen lassen und fein würfeln. Anschließend unter die Crème fraîche heben.

5 Die Frikadellen halbieren und mit der Crème fraîche bestreichen. Zusammensetzen, mit Paniermehl bestreuen und mit Butterflöckchen belegen. Unterm Grill ca. 8-10 Minuten überbacken.

ASIA-GULASCH

Zubereitungszeit: ca. 1 1/2 Std.

57 g E • 30 g F • 7 g KH •
580 kcal/2439 kJ

Für 4 Personen

1 kg Rindfleisch
Salz, Pfeffer
Paprikapulver
3 El Sesamöl
2 El Paprikapaste
2 rote Chilis
1 Bund Frühlingszwiebeln
2 Stangen Zitronengras
500 ml Asiafond FP
80 ml Kokosmilch
Koriander zum Garnieren

1 Das Fleisch waschen, trocknen und in Würfel schneiden. Dann mit Salz, Pfeffer und Paprikapulver würzen.

2 Das Öl in einem Bräter erhitzen und das Fleisch darin ca. 8 Minuten braten. Die Paprikapaste dazugeben.

3 Die Chilischoten waschen und fein hacken. Die Frühlingszwiebeln putzen, waschen und in Ringe schneiden. Das Zitronengras waschen, hacken und mit den Chilis und den Frühlingszwiebeln zum Fleisch geben.

4 Den Asiafond angießen. Alles bei schwacher Hitze ca. 1 Stunde köcheln lassen.

5 Kurz vor Ende der Garzeit den Fond etwas aufkochen lassen und die Kokosmilch einrühren. Alles noch einmal mit Salz, Pfeffer und Paprikapulver abschmecken und mit frischem Koriander garniert servieren.

SCHWEINEPFEFFER

Zubereitungszeit: ca. 35 Min.
(plus Zeit zum Marinieren)

32 g E • 40 g F • 6 g KH •
550 kcal/2313 kJ

Für 4 Personen

600 g Schweinefilet
2 Zwiebeln
5 Knoblauchzehen
1 Stück Ingwerknolle
1-2 El grob geschroteter Pfeffer
1 El brauner Zucker
4 El Sojasauce
6 El gewürztes Sesamöl
4 Eiertomaten
Koriander zum Garnieren

1 Das Fleisch waschen, trockentupfen und in feine Streifen schneiden. Die Zwiebeln und die Knoblauchzehen schälen und in grobe Stücke schneiden.

2 Den Ingwer schälen, grob zerkleinern und zusammen mit den Zwiebeln, dem Knoblauch, Pfeffer, Zucker und Sojasauce in einen Mixer geben und pürieren.

3 Das Fleisch ca. 4-6 Stunden darin marinieren lassen. Das Öl erhitzen und das Fleisch darin rundherum ca. 8-10 Minuten braten.

4 Die Tomaten kreuzweise einritzen, kurz in kochendes Wasser tauchen, mit kaltem Wasser abschrecken und die Haut abziehen. Den Stielansatz entfernen und die Tomaten in Würfel schneiden.

5 Zu dem Schweinepfeffer geben, nochmals ca. 5 Minuten schmoren und dann mit frischem Koriander bestreut servieren.

HÄHNCHENFLÜGEL

Zubereitungszeit: ca. 40 Min.

39 g E • 36 g F • 33 g KH • 434 kcal/1822 kJ

Für 4 Personen

Hähnchenflügel (ca. 1,2 kg)
Salz
Cayennepfeffer
Rosenpaprikapulver
3 El Öl
4 Knoblauchzehen
250 ml Asiafond FP
200 g Schmand
500 g Fleischtomaten
10 entsteinte, schwarze Oliven

1 Die Hähnchenflügel waschen, trocknen und rundherum mit Salz, Cayennepfeffer und Paprikapulver einreiben.

2 Das Öl erhitzen und die Flügel darin von allen Seiten anbraten. Die Knoblauchzehen schälen, in Würfel schneiden und dazugeben. Kurz mitanschwitzen und mit dem Asiafond ablöschen.

3 Alles zusammen ca. 15 Minuten schmoren lassen. Dann den Schmand dazugeben.

4 Die Tomaten kreuzweise einritzen, kurz in kochendes Wasser tauchen, mit kaltem Wasser abschrecken und die Haut abziehen.

5 Den grünen Stielansatz entfernen und die Tomaten in Würfel schneiden. Die Oliven in Scheiben schneiden. Beides zu den Hähnchenflügeln geben und ca. 10 Minuten mitschmoren.

SEETEUFEL UND DIABOLISCHES MEERESGETIER

Auch in den unendlichen Tiefen des Ozeans scheint der Teufel sein Unwesen zu treiben. Hier tummelt sich allerlei Getier, dass nur darauf zu warten scheint, in einem teuflisch scharfen Topf zu landen. Denn wenn ein Fisch schon Seeteufel heißt, liegt es da nicht nahe, ihn höllisch scharf zu würzen?

SCHARFE MUSCHEL-PFANNE

Zubereitungszeit: ca. 35 Min.

17 g E • 53 g F • 19 g KH •
656 kcal/2757 kJ

Für 4 Personen

3 El Chiliöl
3 El gewürztes Sesamöl
1 Bund Frühlingszwiebeln
300 g Zucchini
100 g Palmherzen (aus der Dose)
4 rote Jalapeno-Chilis
200-250 ml Fischfond
200 g Shiitake-Pilze
450 g Herz- oder Venusmuscheln (aus dem Glas)
Salz
Cayennepfeffer
Tortillachips

Die beiden Öle mischen. Die Frühlingszwiebeln putzen, waschen und in Ringe schneiden. Die Zucchini waschen und in kleine Würfel schneiden.

Die Palmherzen in ein Sieb geben, gut abtropfen lassen und fein würfeln. Die Chilischoten halbieren, den Strunk und die Kerne entfernen, unter fließendem Wasser waschen und anschließend in feine Streifen schneiden.

Das Ölgemisch erhitzen und das Gemüse darin 4-5 Minuten anbraten. Den Fischfond dazugießen und aufkochen lassen.

Die Pilze putzen, waschen, die Stiele entfernen, in Streifen schneiden und zu dem restlichen Gemüse geben. Das Ganze weitere 4-5 Minuten bei schwacher Hitze garen.

Die Muscheln gut abtropfen lassen, zum Gemüse geben und erwärmen. Alles mit Salz und Cayennepfeffer kräftig abschmecken. Die Muschel-Gemüse-Pfanne mit Tortillachips servieren.

SEETEUFEL UND DIABOLISCHES MEERESGETIER

Auch in den unendlichen Tiefen des Ozeans scheint der Teufel sein Unwesen zu treiben. Hier tummelt sich allerlei Getier, dass nur darauf zu warten scheint, in einem teuflisch scharfen Topf zu landen. Denn wenn ein Fisch schon Seeteufel heißt, liegt es da nicht nahe, ihn höllisch scharf zu würzen?

SCHARFE MUSCHEL-PFANNE

Zubereitungszeit: ca. 35 Min.

17 g E • 53 g F • 19 g KH • 656 kcal/2757 kJ

Für 4 Personen

3 El Chiliöl
3 El gewürztes Sesamöl
1 Bund Frühlingszwiebeln
300 g Zucchini
100 g Palmherzen (aus der Dose)
4 rote Jalapeno-Chilis
200-250 ml Fischfond
200 g Shiitake-Pilze
450 g Herz- oder Venusmuscheln (aus dem Glas)
Salz
Cayennepfeffer
Tortillachips

Die beiden Öle mischen. Die Frühlingszwiebeln putzen, waschen und in Ringe schneiden. Die Zucchini waschen und in kleine Würfel schneiden.

Die Palmherzen in ein Sieb geben, gut abtropfen lassen und fein würfeln. Die Chilischoten halbieren, den Strunk und die Kerne entfernen, unter fließendem Wasser waschen und anschließend in feine Streifen schneiden.

Das Ölgemisch erhitzen und das Gemüse darin 4-5 Minuten anbraten. Den Fischfond dazugießen und aufkochen lassen.

Die Pilze putzen, waschen, die Stiele entfernen, in Streifen schneiden und zu dem restlichen Gemüse geben. Das Ganze weitere 4-5 Minuten bei schwacher Hitze garen.

Die Muscheln gut abtropfen lassen, zum Gemüse geben und erwärmen. Alles mit Salz und Cayennepfeffer kräftig abschmecken. Die Muschel-Gemüse-Pfanne mit Tortillachips servieren.

SEETEUFEL UND DIABOLISCHES MEERESGETIER

Auch in den unendlichen Tiefen des Ozeans scheint der Teufel sein Unwesen zu treiben. Hier tummelt sich allerlei Getier, dass nur darauf zu warten scheint, in einem teuflisch scharfen Topf zu landen. Denn wenn ein Fisch schon Seeteufel heißt, liegt es da nicht nahe, ihn höllisch scharf zu würzen?

SCHARFE MUSCHEL-PFANNE

Zubereitungszeit: ca. 35 Min.

17 g E • 53 g F • 19 g KH • 656 kcal/2757 kJ

Für 4 Personen

3 El Chiliöl
3 El gewürztes Sesamöl
1 Bund Frühlingszwiebeln
300 g Zucchini
100 g Palmherzen (aus der Dose)
4 rote Jalapeno-Chilis
200-250 ml Fischfond
200 g Shiitake-Pilze
450 g Herz- oder Venusmuscheln (aus dem Glas)
Salz
Cayennepfeffer
Tortillachips

Die beiden Öle mischen. Die Frühlingszwiebeln putzen, waschen und in Ringe schneiden. Die Zucchini waschen und in kleine Würfel schneiden.

Die Palmherzen in ein Sieb geben, gut abtropfen lassen und fein würfeln. Die Chilischoten halbieren, den Strunk und die Kerne entfernen, unter fließendem Wasser waschen und anschließend in feine Streifen schneiden.

Das Ölgemisch erhitzen und das Gemüse darin 4-5 Minuten anbraten. Den Fischfond dazugießen und aufkochen lassen.

Die Pilze putzen, waschen, die Stiele entfernen, in Streifen schneiden und zu dem restlichen Gemüse geben. Das Ganze weitere 4-5 Minuten bei schwacher Hitze garen.

Die Muscheln gut abtropfen lassen, zum Gemüse geben und erwärmen. Alles mit Salz und Cayennepfeffer kräftig abschmecken. Die Muschel-Gemüse-Pfanne mit Tortillachips servieren.

dem Fischfond ablö-
er Rühren aufkochen las-
kräftig mit Salz und Pap-
chmecken und die Thun-
eingeben.

flaufform mit Butter ein-
von der Sauce hineinge-
vechselnd Lasagneblätter
schichten. Die oberste
Sauce sein.

ber streuen, mit Back-
en und auf der mittleren
des Backofens ca.
ren. Das Backpapier ent-
tere 10 Minuten über-

MEERES-KOMPOSITION

Zubereitungszeit: ca. 35 Min.

28 g E • 63 g F • 21 g KH •
808 kcal/3394 kJ

Für 4 Personen

Salz, 1 Zwiebel
1 Lorbeerblatt
15-20 Riesengarnelen mit Schale
500 g gekochte Flusskrebse TK
125 g Kürbis, süß-sauer
(aus dem Glas)
100 g Mayonnaise
1 El Senf
4 El Asia-Sauce FP
1 El Currypulver
1 Tl Kurkuma
1 Tl Korianderpulver
1 Avocado
Saft einer Zitrone
150 g Joghurt
1 Knoblauchzehe
Pfeffer, Tabasco
2 Tomaten
200 g Paprikastreifen (aus dem Glas)
3 Chilis, 20 g Paniermehl
Essig, Safran
125 ml Olivenöl

1 2 Liter Salzwasser mit der geschälten Zwiebel und dem Lorbeerblatt zum Kochen bringen. Die Riesengarnelen darin portionsweise 2-3 Minuten kochen lassen. Herausnehmen und gut abtropfen lassen. Die Flußkrebse auftauen und im Salzwasser kurz erhitzen. Alle Meeresfrüchte auf einer großen Platte anrichten.

2 Für den Currydip die Kürbisstücke in ein Sieb geben und gut abtropfen lassen. Anschließend fein pürieren. Mit Mayonnaise, Senf und der Asia-Sauce verrühren und das Ganze mit Salz, Currypulver, Kurkuma und Korianderpulver abschmecken.

3 Für den Avocadodip die Avocado schälen, entkernen und das Fruchtfleisch mit einer Gabel zerdrücken. Den Saft einer Zitrone und den Joghurt dazugeben und mischen. Die Knoblauchzehe schälen, fein würfeln und zu dem Avocadodip geben. Mit Salz, Pfeffer und Tabasco abschmecken.

4 Die Tomaten kreuzweise einritzen, kurz in kochendes Wasser tauchen, mit kaltem Wasser abschrecken und die Haut abziehen. Die Tomaten halbieren, entkernen und das Fruchtfleisch in kleine Würfel schneiden. Die Tomatenwürfel unter den Avocadodip mischen.

5 Für den Paprikadip die Paprikastreifen in ein Sieb geben und gut abtropfen lassen. Die Chilischoten halbieren, den Strunk und die Kerne entfernen, waschen und grob zerkleinern.

6 Die Paprikastreifen zusammen mit den Chilis, dem Paniermehl, etwas Essig, Salz und Safran in einen Mixer geben und fein pürieren. Das Öl langsam dazugeben. Die Meeresfrüchteplatte mit den drei Dips servieren.

PFANNE

Pilze putzen, waschen, die Stiele rnen, in Streifen schneiden und zu restlichen Gemüse geben. Das e weitere 4-5 Minuten bei schwa- Hitze garen.

Muscheln gut abtropfen lassen, Gemüse geben und erwärmen. Al- it Salz und Cayennepfeffer kräftig hmecken. Die Muschel-Gemüse- ne mit Tortillachips servieren.

SCHWERTFISCH MIT SAUCE

Zubereitungszeit: ca. 1 Std.

50 g E • 34 g F • 15 g KH •
604 kcal/2538 kJ

Für 4 Personen

1 Bund Frühlingszwiebeln
2 Knoblauchzehen
250 ml Asiafond FP
Salz
Cayennepfeffer
1 El Sesamsaat
1-2 El scharfe Bohnenpaste (Asialaden)
2-3 El Sojasauce
1 El brauner Zucker
4 Schwertfischsteaks à 200 g
4-5 El Sesamöl
2 Tl Speisestärke

1 Die Frühlingszwiebeln putzen, waschen und in feine Ringe schneiden. Die Knoblauchzehen schälen und in feine Würfel schneiden.

2 Den Asiafond zusammen mit den Zwiebelringen, den Knoblauchwürfeln, Salz, Cayennepfeffer, Sesam, Bohnenpaste, Sojasauce und Zucker aufkochen lassen. Anschließend abkühlen lassen. Die Schwertfischsteaks waschen, trockentupfen und in eine flache Schale legen. Die Marinade darüber gießen und 30 Minuten durchziehen lassen.

3 Anschließend herausnehmen, abtropfen lassen und gut trocknen. Das Öl erhitzen und die Steaks darin von beiden Seiten je 5-6 Minuten braten. Herausnehmen und warm stellen.

4 Die Marinade zum Bratensatz geben. Die Stärke mit kaltem Wasser verrühren und die Marinade damit andicken. Unter Rühren aufkochen lassen und die Sauce mit Salz und Cayennepfeffer abschmecken. Die Steaks mit der Sauce anrichten und servieren.

LANGUSTE MIT CHIPOTLE

Langustenschwänze sind eine Delikatesse. Langusten sind scherenlose Seekrebse, die vor allem im Mittelmeer vorkommen.

Schalotten gelten als Königinnen unter den Zwiebeln. Ihr violettes Fleisch hat einen angenehm würzigen Geschmack und ist im Vergleich zur Zwiebel eher sanftaromatisch.

Tabasco ist eine Würzsauce aus besonders scharfen Chilischoten. Sie würzt so stark, dass schon wenige Tropfen genügen. Sie wird sowohl zum Kochen, als auch für Cocktails, wie z.B. Bloody Mary verwendet.

Zitronensaft passt hervorragend zu Fischspeisen. Damit die Zitronen saftig bleiben, sollten sie trocken und bei niedriger Zimmertemperatur gelagert werden.

Zubereitungszeit: ca. 55 Min.

40 g E • 25 g F • 36 g KH •
568 kcal/2385 kJ

Für 4 Personen

4 Langustenschwänze, frisch oder TK
500 g Kartoffeln
500 g rote und grüne Paprikaschoten
10 Chipotle-Chilis (getrocknete, geräucherte Jalapeno-Chilis)
Salz
30 g Butter
100 g Doppelrahmfrischkäse
100 g Schmand
250 ml Hummerfond
1 Eigelb
Zitronensaft
Tabasco
Pfeffer
Schnittlauch zum Garnieren

1. Die Langustenschwänze auftauen lassen und waschen. Die Kartoffeln waschen, schälen und würfeln.

2. Die Paprikaschoten halbieren, den Strunk und die Kerne entfernen, unter fließendem, kaltem Wasser waschen und anschließend trockentupfen. Die Paprikaschoten in Streifen schneiden und die Chipotle-Chilis fein zerhacken.

3. Die Kartoffelwürfel in kochendem Salzwasser ca. 15 Minuten garen. Die Paprikastreifen und Chipotle-Chilis dazugeben und weitere 5 Minuten garen.

4. Das Gemüse mit einer Schaumkelle herausnehmen und warm stellen. Das Gemüsekochwasser auf mindestens 3 Liter auffüllen und beiseite stellen.

5. Die Butter erhitzen und den Frischkäse zusammen mit dem Schmand und dem Hummerfond dazugeben und unter Rühren einmal aufkochen lassen.

6. Danach das Eigelb unterrühren und nicht mehr kochen lassen. Die Sauce mit Salz, Zitronensaft, Tabasco und Pfeffer kräftig abschmecken.

7. Die Langustenschwänze portionsweise in dem kochenden Gemüsewasser ca. 5 Minuten garen. Die Langusten mit dem Gemüse und der Sauce anrichten und mit Schnittlauchröllchen bestreuen.

TIPP

Langustenschwänze sollten beim Fischhändler vorbestellt werden. Da sie relativ teuer sind, können anstelle der Langustenschwänze auch TK-Riesengarnelen verwendet werden.

WÜRZ-GARNELEN

Zubereitungszeit: ca. 30 Min.

21 g E • 16 g F • 7 g KH • 285 kcal/1198 kJ

Für 4 Personen

600 g rohe Garnelenschwänze
2 rote Zwiebeln
3 rote Chilis
2 Knoblauchzehen
3 El gewürztes Sesamöl
1 El Sambal oelek
1 Tl gehackter Ingwer
250 ml Kokosmilch
Salz
Pfeffer
Chilisauce
Kräuter zum Garnieren

Die Garnelenschwänze aus der Schale brechen, längs halbieren und den Darm entfernen. Die Zwiebeln schälen und in feine Würfel schneiden.

Die Chilischoten halbieren, den Strunk und die Kerne entfernen, waschen, trockentupfen und in Würfel schneiden.

Die Knoblauchzehen schälen und fein zerdrücken. Das Öl erhitzen und das Gemüse darin anschwitzen.

Sambal oelek, Ingwer und die Kokosmilch dazugeben und bei milder Hitze einkochen lassen, bis die Sauce dicklich ist. Mit Salz, Pfeffer und Chilisauce kräftig abschmecken.

Die Garnelenschwänze in die Sauce geben und ca. 5-10 Minuten darin ziehen lassen. Die Würzgarnelen mit frischen Kräutern, wie z. B. Koriander oder Petersilie, garniert servieren.

SEETEUFEL „DIABOLO“

Zubereitungszeit: ca. 45 Min.

40 g E • 28 g F • 100 g KH • 489 kcal/2056 kJ

Für 4 Personen

4 Filets vom Seeteufel à 200 g
Salz
Saft einer Zitrone
3 Zwiebeln
3 Knoblauchzehen
600 g Tomaten
5 El Chiliöl
3 El Chilisauce
1 Tl Zucker
Pfeffer
Rosenpaprikapulver
1 Bund Koriander

1 Die Fischfilets waschen und gut trocknen. Anschließend salzen und mit Zitronensaft beträufeln. Die Zwiebeln und die Knoblauchzehen schälen. Beides in feine Würfel schneiden.

2 Die Tomaten kreuzweise einritzen, kurz in kochendes Wasser tauchen, mit kaltem Wasser abschrecken und die Haut abziehen. Das Fruchtfleisch in grobe Würfel schneiden.

3 Das Chiliöl erhitzen, die Zwiebel- und Knoblauchwürfel darin anschwitzen. Die Tomaten dazugeben, mit Salz, Chilisauce, Zucker, Pfeffer und Paprikapulver würzen und zugedeckt bei milder Hitze ca. 5 Minuten dünsten.

4 Den Koriander waschen, trocknen und in Streifen schneiden. Die Fischfilets und den Koriander dazugeben und alles ca. 15 Minuten garen. Auf einem Teller anrichten und mit einigen Korianderblättchen garnieren.

GEGRILLTES FISCHFILET

Zubereitungszeit: ca. 45 Min.

39 g E • 32 g F • 28 g KH • 603 kcal/2532 kJ

Für 4 Personen

150 g Maiskörner (aus der Dose)
100 g Frühlingszwiebeln
100 g rote Chilis
1/2 Bund Koriander
3-4 El Chiliöl
Salz
100 g Tomato al gusto mit Kräutern FP
1 El geschroteter Pfeffer
1 Tl Zitronensaft
4 Seefischfilets à 200 g
Pfeffer
Rosenpaprikapulver
3-4 El Olivenöl

1 Die Maiskörner in ein Sieb geben und gut abtropfen lassen. Die Frühlingszwiebeln putzen, waschen, trockentupfen und in Ringe schneiden.

2 Die Chilischoten halbieren, den Strunk und die Kerne entfernen, unter kaltem, fließendem Wasser waschen und anschließend in feine Würfel schneiden. Den Koriander waschen, trocknen und in Streifen schneiden. Einige Blättchen als Garnitur aufbewahren.

3 Das Chiliöl erhitzen, darin die Zwiebeln mit den Chiliwürfeln anschwitzen. Tomato al gusto, Pfeffer, Salz, Zitronensaft und Mais zugeben und das Ganze ca. 20 Minuten bei schwacher Hitze gar ziehen lassen.

4 Die Fischfilets waschen und gut trockentupfen. Salz mit Pfeffer, Paprikapulver und Olivenöl mischen und die Fischfilets damit einpinseln. Die Fischfilets von jeder Seite 4-5 Minuten grillen. Zusammen mit der Sauce anrichten und mit Kräutern garniert servieren.

POCHIERTER LACHS

Zubereitungszeit: ca. 35 Min.

62 g E • 53 g F • 19 g KH • 881 kcal/3702 kJ

Für 4 Personen

4 Scheiben Lachsfilet à 200 g
5 El Sojasauce
5 El Reiswein
1/2 Tl Wasabi-Paste
500-750 ml Fischfond
2-3 El grüne, eingelegte Pfefferkörner
1 El Chilisauce
100-150 g weiche Butter
2 cl Cognac

1 Die Fischfilets waschen, trocknen und mit der Sojasauce beträufeln. Ca. 15-20 Minuten marinieren lassen. Den Reiswein mit der Wasabi-Paste verrühren und zusammen mit dem Fischfond zum Sieden bringen.

2 Die Lachsfilets darin ca. 6-8 Minuten pochieren. Anschließend herausnehmen und warm stellen. Die Pfefferkörner in ein kleines Sieb geben und gut abtropfen lassen.

3 Die Körner zerdrücken und mit der Chilisauce mischen. Die Butter mit dem Cognac schaumig schlagen und die Pfefferkörner unterheben. Den Lachs mit der Pfefferbutter anrichten und servieren.

FLUSSKREBSE MIT TEQUILA

Flusskrebse sind eine besondere Delikatesse. Es gibt sie inzwischen auch tiefgekühlt oder als Konserve in jedem gut sortierten Supermarkt.

Sardellenpaste ist ein pikantes Püree aus Sardellenfleisch. Die Paste wird meist in der Tube angeboten und dient zum Würzen oder auch als Brotaufstrich.

Chilisauce ist eine scharf-pikante Sauce, die gerne zu Fleisch und Fischgerichten gereicht wird. Sie eignet sich aber auch sehr gut zum Verfeinern von Speisen.

Fischfond lässt sich auch selbst herstellen. Dazu wird eine Brühe aus Fischabfällen, Suppengemüse, Gewürzen und evtl. Weißwein gekocht.

Zubereitungszeit: ca. 30 Min.

65 g E • 57 g F • 42 g KH • 1014 kcal/4260 kJ

Für 4 Personen

40 Flusskrebse, frisch oder TK
2 l Fischfond
3 El Rotwein
3 El Chilisauce
2 Eigelb
1 Tl Sardellenpaste
125 ml Öl
4 El Barbecuesauce
4 El Tequila
Salz
Rosenpaprikapulver
Cayennepfeffer
100 g Schmand
Zitronen, Petersilie und Chilis zum Garnieren

1 Die Flusskrebse waschen. Den Fischfond mit dem Rotwein und der Chilisauce zum Kochen bringen.

2 Die Flusskrebse darin portionsweise 5-10 Minuten garen. Mit einer Schaumkelle herausnehmen, gut abtropfen lassen und warm stellen.

3 Die Eigelbe mit der Sardellenpaste verrühren. Das Öl langsam, in dünnem Strahl, unter ständigem Rühren dazugießen und unterrühren.

4 Die Barbecuesauce und den Tequila dazugeben und die Creme mit Salz, Paprikapulver und Cayennepfeffer kräftig abschmecken.

5 Den Schmand unterrühren und die Tequila-Creme zu den Flusskrebsen servieren. Mit Zitronenscheiben, Chiliringen und Petersilie garnieren.

CHILI-HEILBUTT

Zubereitungszeit: ca. 1 Std.

91 g E • 66 g F • 12 g KH • 520 kcal/2186 kJ

Für 4 Personen

1 El Chilipulver
1 El Kreuzkümmelpulver
1 El Cayennepfeffer
1 El Zitronensaft
Salz
1 Tl brauner Zucker
125 ml Chiliöl
4 Heilbuttsteaks à 200 g
Öl zum Braten

1 Die Gewürze mit dem Zitronensaft, Salz, Zucker und Chiliöl verrühren. Die Heilbuttsteaks waschen, gut trocknen und von beiden Seiten mit dem Würzöl bestreichen.

2 Das Ganze ca. 30-40 Minuten im Kühlschrank marinieren. Die Steaks aus der Marinade nehmen, etwas abtupfen und in einer mit Öl ausgepinselten Grillpfanne von beiden Seiten je 5-10 Minuten braten.

CATFISCH MIT ZWIEBELRELISH

Zubereitungszeit: ca. 45 Min.

134 g E • 121 g F • 14 g KH
777 kcal/3263 kJ

Für 4 Personen

3 Eier
4 El Mehl
Salz, Cayennepfeffer
Rosenpaprikapulver
4-6 Catfischfilets à 150-180 g (ersatzweise ein anderer Süsswasserfisch)
5-6 El Olivenöl
6 rote Zwiebeln
3 Chilis, 1 El brauner Zucker
1 El Senfkörner
1 Tl getrockneter Rosmarin
4-5 El Balsamico-Essig
3-4 El Rotwein

1 Die Eier in einer flachen Schüssel verquirlen. Das Mehl mit den Gewürzen mischen und in eine zweite flache Schüssel geben. Die Fischfilets waschen, trockentupfen und nacheinander erst in der Mehlmischung und dann in den Eiern wenden. Das Öl erhitzen und die Fischfilets darin von jeder Seite ca. 3-4 Minuten braten.

2 Für das Relish die Zwiebeln schälen und in feine Würfel schneiden. Die Chilis halbieren, den Strunk und die Kerne entfernen und unter fließendem, kaltem Wasser waschen.

3 Die Chilis ebenfalls in feine Würfel schneiden. Die Zwiebelwürfel mit den Chilis, dem Zucker, den Senfkörnern, dem Rosmarin, dem Balsamico und dem Rotwein bei milder Hitze ca. 15-20 Minuten köcheln lassen.

4 Das Relish eventuell mit Salz und Pfeffer nachwürzen und zusammen mit den Catfischfilets anrichten und servieren.

GEBACKENE CALAMARI

Zubereitungszeit: ca. 45 Min.
(plus Ruhezeit)

95 g E • 21 g F • 47 g KH •
451 kcal/1894 kJ

Für 4 Personen

1 kg kleine Calamari
(mit Kopf) TK
250 ml Grapefruitsaft
250 ml Barbecuesauce
Salz
Cayennepfeffer
1 Ei
100 g Mehl
150 ml Mineralwasser
Fett zum Frittieren
200 g Tomatenpaprika (aus dem Glas)

1 Die Calamari auftauen lassen. Abspülen und trockentupfen. Die Öffnung am Kopf etwas weiten und die weichen Innereien und den Tintenbeutel herausziehen. Den Körper längs einschneiden und das Fischbein herausschneiden.

2 Den Grapefruitsaft mit der Barbecuesauce, Salz und Cayennepfeffer mischen und die Calamari darin ca. 30 Minuten marinieren. In der Zwischenzeit das Ei trennen und das Eigelb mit dem Mehl und dem Mineralwasser verrühren.

3 Diesen Teig zugedeckt ca. 1 Stunde ruhen lassen. Dann das Eiweiß steif schlagen und unterheben. Die Calamari aus der Marinade nehmen, trocknen und einzeln durch den Ausbackteig ziehen. Die Calamari portionsweise in heißem Fett knusprig braun ausbacken.

4 Tomatenpaprika in ein Sieb geben, gut abtropfen lassen, in Streifen schneiden und mit den Calamari anrichten.

ROTE SEEZUNGENROLLEN

Zubereitungszeit: ca. 30 Min.

13 g E • 48 g F • 15 g KH •
544 kcal/2286 kJ

Für 4 Personen

4-6 Seezungenfilets à 150-180 g
Zitronensaft
3 rote Paprikaschoten
3 Chilis
4 Eiertomaten
2 Knoblauchzehen
4 El eingelegte, schwarze Kräuteroliven
3 El Chiliöl
Salz
Pfeffer
1 El Butter
250 ml Fischfond
125 ml Roséwein
3 Tl Speisestärke

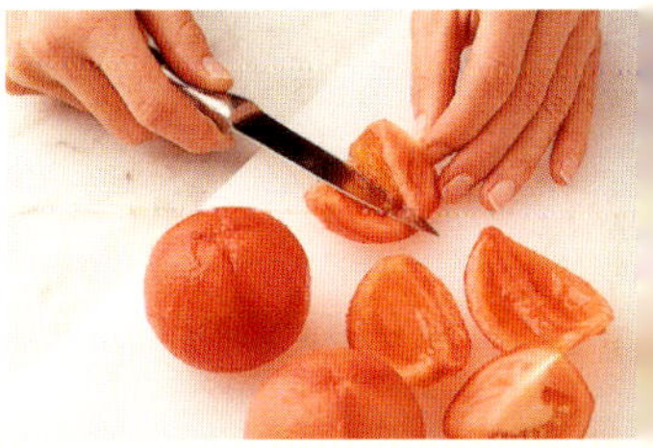

1 Die Seezungenfilets waschen und mit Zitronensaft beträufeln. Die Paprikaschoten und die Chilis halbieren, die Kerne und den Strunk entfernen. Beides in sehr feine Würfel schneiden.

2 Die Tomaten kreuzweise einritzen, kurz in kochendes Wasser tauchen, mit kaltem Wasser abschrecken und die Haut abziehen. Die Tomaten halbieren, entkernen und das Fruchtfleisch in sehr kleine Würfel schneiden.

3 Die Knoblauchzehen schälen und zerdrücken. Die Oliven in ein Sieb geben, gut abtropfen lassen, gegebenenfalls entsteinen und in sehr feine Würfel schneiden.

4 Das Gemüse mit dem Chiliöl mischen und mit Salz und Pfeffer würzen. Die Butter erhitzen und die Gemüsemischung darin ca. 5 Minuten dünsten. Die Seezungenfilets auf der Arbeitsfläche auslegen.

5 Die Gemüsemischung pürieren und darauf streichen, dann die Filets aufrollen. Die Röllchen mit Zahnstochern feststecken. Den Fischfond mit dem Wein erhitzen und die Seezungenröllchen darin ca. 5-10 Minuten gar ziehen lassen.

6 Die Röllchen herausnehmen und anrichten. Die Speisestärke mit etwas kaltem Wasser anrühren und den Sud damit andicken. Als Sauce zu den Seezungenröllchen servieren. Nach Wunsch mit frischen, gehackten Kräutern bestreuen.

PFEFFER- UND SALZKREBSE

Habanero-Chilis zählen zu den schärfsten Chilisorten überhaupt. Deshalb sollte man bei ihrer Verarbeitung unbedingt Gummihandschuhe tragen.

Knoblauch gehört zu den intensivsten Würzmitteln in der Küche. Entweder man liebt ihn, oder man mag ihn überhaupt nicht. Eine Knolle besteht aus einzelnen Zehen, die geschält verarbeitet werden können.

Meersalz wird durch Verdunsten von Meerwasser gewonnen. Es enthält viel Natriumchlorid und ist reich an wichtigen Spurenelementen. Es wird von fein bis grob gekörnt angeboten.

Krebsfleisch war früher ein billiges Volksnahrungsmittel. Heute ist es eine teure Delikatesse. Preiswerter Ersatz dafür ist Surimi, ein Pressfleisch aus Fisch und Krebsen.

Zubereitungszeit: ca. 30 Min.
(plus Zeit zum Durchziehen)

48 g E • 16 g F • 15 g KH •
438 kcal/1841 kJ

Für 4 Personen

1 Habanero-Chili
1 Stück Ingwerknolle
10 Knoblauchzehen
1 l Olivenöl
1 Ei
5 El Mehl
5 El Paprikapulver (je zur Hälfte süsses und rosenscharfes)
2 El grobes Meersalz
1-1,5 kg Taschenkrebse, Königskrabben oder Seespinnen

1 Die Chilischote halbieren, den Strunk und die Kerne entfernen, unter fließendem, kaltem Wasser waschen und gut trockentupfen.

2 Die Chilischote fein hacken. Den Ingwer schälen und fein würfeln. Die Knoblauchzehen schälen und fein hacken.

3 Alles zusammen kurz mit dem Olivenöl erhitzen. Anschließend abkühlen und ca. 2-3 Stunden durchziehen lassen. Das Öl durch ein feines Sieb gießen und bereitstellen.

4 Das Ei verquirlen. Das Mehl mit den Gewürzen mischen. Die Krebse waschen, aus den Schalen lösen, durch das Ei ziehen und dann in dem gewürzten Mehl wälzen. Anschließend portionsweise in dem Chiliöl rundherum ca. 3-5 Minuten braun frittieren.

5 Die Pfeffer- und Salzkrebse auf Bananen-, Palm- oder Maisblättern anrichten und servieren.

HIMMLISCHE DESSERTS

Hier endet nun unsere kulinarische Höllentour. Endlich bietet sich die Gelegenheit die glühenden Geschmacksnerven zu beruhigen. Nach so viel Feuer und Schärfe schmeicheln hier sahnig-süße Wonnen dem Gaumen und versetzen jedermann in den 7. Geschmackshimmel.
Wir hoffen, sie hatten teuflisch viel Spaß!

FRISCHKÄSE MIT KARAMELL

Zubereitungszeit: ca. 30 Min.

15 g E • 47 g F • 58 g KH •
767 kcal/3223 kJ

Für 4 Personen

500 g Mascarpone
5-6 El Kaffeelikör
1-2 El Schokoladen-Kaffeebohnen
175 g brauner Zucker
250-300 ml Milch
1/2 Tl Speisestärke
1 Tl Vanilleextrakt
1 El Butter

1 Den Mascarpone mit dem Kaffeelikör glattrühren. Die Kaffeebohnen hinein geben und den Frischkäse kühl stellen.

2 Den Zucker in einem Topf karamellisieren, vorsichtig mit der Milch ablöschen und aufkochen lassen.

3 Die Speisestärke mit etwas Wasser anrühren und die Karamellsauce damit andicken.

4 Die Sauce mit Vanilleextrakt und Butter verfeinern. Den Frischkäse in Schälchen anrichten und mit der Karamellsauce servieren. Nach Wunsch mit Moccabohnen, Schokospänen und Waffelröllchen dekorieren.

JOGHURT-EIS-KONFEKT

Zubereitungszeit: ca. 15 Min.
(plus Gefrierzeit)

2 g E • 5 g F • 14 g KH •
126 kcal/531 kJ

Für 4 Personen

300 g frische Pfirsiche
200 ml Pfirsichnektar
1 Tl brauner Zucker
4-5 El Joghurt
1 TL Kokosnusscreme

1. Die Pfirsiche kreuzweise einritzen, kurz in kochendes Wasser tauchen, mit kaltem Wasser abschrecken und häuten.
2. Die Pfirsiche halbieren und den Stein entfernen. Das Obst in grobe Stücke schneiden und in einem Mixer pürieren.
3. Das Püree mit dem Nektar, dem Zucker, dem Joghurt und der Kokoscreme verrühren.
4. Die Masse in eine Eiswürfelform gießen und im Gefrierschrank anfrieren lassen.
5. Nach einiger Zeit jeweils einen Zahnstocher hineinstecken und die Joghurt-Eiswürfel über Nacht durchfrieren lassen.
6. Das gleiche Rezept kann man mit Aprikosen, Birnen oder Mangos variieren. Dazu den jeweils passenden Nektar nehmen und alle Sorten gemischt auf einer Platte anrichten.

ZITRUS-FRUCHTGELEE

Zubereitungszeit: ca. 15 Min. (plus Zeit zum Festwerden)

8 g E • 0,7 g F • 19 g KH • 131 kcal/552 kJ

Für 4 Personen

7-8 Blatt weiße Gelatine
250 ml Orangensaft
2 El Zucker
Ingwerpulver
Nelkenpulver
200 g Mandarinen (ohne Schale)
200 g Limetten (ohne Schale)
200 g rosa Grapefruits (ohne Schale)
Zitronenmelisse zum Garnieren

1 Die Gelatine in kaltem Wasser einweichen. 500 ml Wasser mit dem Orangensaft und den Gewürzen aufkochen lassen.

2 Vom Herd nehmen und die ausgedrückte Gelatine darin auflösen. Die Mandarinen schälen und die Filets mit einem kleinen, scharfen Messer herauslösen.

3 Die Limetten und die Grapefruits ebenso verarbeiten. Dabei den Saft auffangen und unter das noch flüssige Gelee rühren. Die Obststückchen in eine flache Form legen und das Gelee darüber gießen.

4 Fest werden lassen und in Quadrate schneiden. Das Citrus-Fruchtgelee mit Zitronenmelisse garniert servieren.

BROMBEER-CHARLOTTE

Zubereitungszeit: ca. 15 Min.
(plus Zeit zum Kühlen)

8 g E • 10 g F • 99 g KH •
496 kcal/2084 kJ

Für 4 Personen

150 g brauner Zucker
375 ml Milch
5 El Zucker
2 Päckchen Vanillepuddingpulver
750–800 g Brombeeren
400 g Löffelbiskuits
3 El Brombeerlikör

1

Eine große Schüssel (1,5 l Inhalt) mit Klarsichtfolie auslegen. Den braunen Zucker mit 150 ml Wasser aufkochen, zur Seite stellen und abkühlen lassen. Von der Milch ca. 4 El abnehmen, die restliche Milch mit dem Zucker zum Kochen bringen. Das Puddingpulver mit den 4 El kalter Milch anrühren, dazugießen und alles zusammen unter Rühren aufkochen lassen. Den Pudding bis zum weiteren Gebrauch kalt stellen. Die Brombeeren vorsichtig waschen. Einige schöne, große Beeren zum Garnieren zurückstellen.

2

Die restlichen Brombeeren im Mixer pürieren. Die Löffelbiskuits mit dem Zuckerwasser und dem Likör beträufeln und mit einem Teil den Schüsselrand auslegen. Das Brombeerpüree mit dem Vanillepudding mischen und in die Schüssel füllen. Mit den restlichen Biskuits belegen und die Charlotte im Kühlschrank mehrere Stunden durchkühlen lassen. Die Brombeer-Charlotte anschließend vorsichtig aus der Form lösen und auf eine Platte stürzen. Die Folie entfernen und die Charlotte mit den zurückgehaltenen Brombeeren garnieren.

FEIGENPUDDING

Feigen stammen ursprünglich aus Westasien. Sie enthalten sehr viel Traubenzucker. Sie werden sowohl frisch als auch getrocknet angeboten.

Brauner Zucker, auch Rohrzucker genannt, unterscheidet sich nur durch seinen Reinigungsgrad von weißem Zucker. In ihrer Süßkraft sind beide Zuckersorten identisch und geschmacklich gibt es nur kleine Unterschiede.

Mehl unterscheidet man nach seinem Ausmahlungsgrad. Wir verwenden in diesem Rezept das normale Mehl Type 405. Es sollte immer an einem trockenen Ort aufbewahrt werden.

Walnüsse stammen ursprünglich aus Südasien. Sie werden allerdings inzwischen fast überall angebaut. Die besten Nüsse kommen aus Frankreich und den USA (Kalifornien).

Zubereitungszeit: ca. 40 Min.

8 g E • 22 g F • 20 g KH •
334 kcal/1404 kJ

Für 4 Personen

300–400 g frische Feigen
Butter für die Form
3–4 El weiche Butter
3–4 El brauner Zucker
2 Eier
4 El Mehl
1 Tl Backpulver
50 g Walnüsse

1. Die Feigen waschen, schälen und in wenig Wasser weich dünsten.

2. Die Früchte anschließend mit einer Gabel leicht zerdrücken. Vier kleine oder eine große Puddingform einfetten.

3. Die Butter mit dem Zucker schaumig schlagen. Die Eier dazugeben und weiter schlagen. Das Mehl und das Backpulver unterrühren, dann das Feigenkompott unterheben.

4. Die Walnüsse hacken und dazugeben. Die Masse in die Puddingform füllen und im heißen Wasserbad ca. 20 Minuten garen.

TIPP

Anstelle der Feigen können auch frische Mangos verwendet werden. Dazu die Mangos schälen, entkernen, in Stücke schneiden und wie die Feigen weiter verarbeiten.

HONIGKUCHEN MIT GLASUR

Zubereitungszeit: ca. 25 Min.

20 g E • 36 g F • 75 g KH •
735 kcal/3074 kJ

Für 4 Personen

300 g brauner Zucker
3-4 El Ahornsirup
2 El Tannenhonig
200 g Mehl
1-1 1/2 Tl Backpulver
Butter für die Form
200 g dunkle Kuvertüre

1
Den Zucker mit dem Ahornsirup, dem Honig, dem Mehl und 2-3 El Wasser in eine Schüssel geben und zu einem glatten Teig rühren.

2
Das Backpulver unterrühren und die Masse in eine gut eingefettete, flache Form geben. Den Teig im vorgeheizten Backofen bei 150 °C ca. 10-15 Minuten backen.

3
Den Honigkuchen aus der Form stürzen, auskühlen lassen und in quadratische Stücke schneiden. Die Kuvertüre schmelzen und den Honigkuchen damit überziehen.

MOUSSE MIT HAGEBUTTE

Zubereitungszeit: ca. 35 Min.

149 g E • 75 g F • 19 g KH • 373 kcal/1567 kJ

Für 4 Personen

5 El Zucker
2 Zimtstangen
1 Blatt weiße Gelatine
6 El Sahne
2 Eigelb
4 El Hagebuttenmark
2 El Sanddornsaft
1 Päckchen Vanillezucker
200 g Mascarpone

1 Den Zucker mit 100 ml Wasser in einen Topf geben. Die Zimtstangen zerbrechen und dazugeben. Das Ganze ca. 15 Minuten zu einem Zimtsirup einkochen.

2 Den Sirup durchsieben und abkühlen lassen. Die Gelatine in kaltem Wasser einweichen. Die Sahne steif schlagen.

3 Das Eigelb zu dem Sirup geben und im heißen Wasserbad zu einer luftigen Creme aufschlagen. Die Gelatine ausdrücken, in etwas heißem Wasser auflösen und zu der Creme geben.

4 Die Zimtcreme anschließend vollständig abkühlen lassen. Bevor sie zu gelieren beginnt, die Sahne darunter heben und die Mousse im Kühlschrank mindestens 1 Stunde fest werden lassen.

5 Das Hagebuttenmark mit dem Sanddornsaft, dem Vanillezucker und dem Mascarpone glattrühren. Von der Zimtmousse kleine Nocken abstechen, auf vorgekühlten Tellern anrichten und mit der Hagebuttencreme servieren.

PFIRSICHTÖRTCHEN

Zubereitungszeit: ca. 50 Min.
(plus Wartezeit)

21 g E • 58 g F • 156 g KH •
1281 kcal/5383 kJ

Für 4 Personen

1 Eigelb
3-4 El Zucker
200 ml Sahne
1 El Butter
1 Tl Mandelaroma
1 Packung Mürbeteig aus dem Kühlregal FP
Butter für die Form
200 g Pfirsiche in Spalten geschnitten (aus der Dose)
1 Päckchen heller Tortenguß
Zimtpulver
Nelkenpulver
Anispulver
1-2 El Mandelblättchen

1 Das Eigelb mit dem Zucker, der Sahne, der Butter und dem Mandelaroma in eine Schüssel geben. Die Masse im heißen Wasserbad zu einer dicklichen Creme aufschlagen.

2 Abkühlen lassen und im Kühlschrank mindestens 30 Minuten vollständig durchkühlen lassen. Den Backofen auf 200 °C vorheizen. Den Mürbeteig auf einer bemehlten Arbeitsfläche ca. 0,5 cm dick ausrollen.

3 Aus dem Teig Kreise von ca. 10 cm Ø ausstechen und in ausgefettete Tortelettförmchen geben. Die Törtchen auf ein Backblech setzen und auf der mittleren Einschubleiste des Backofens 20-30 Minuten backen.

4 Die Törtchen aus der Form nehmen und abkühlen lassen. Die Pfirsichspalten in ein Sieb geben und gut abtropfen lassen.

5 Dabei den Saft auffangen, mit dem Tortenguß andicken und mit Zimt-, Nelken- und Anispulver abschmecken.

6 Die Creme auf die Törtchen geben, die Pfirsichspalten darauf verteilen und mit dem Guß überziehen. Anschließend das Ganze mit Mandelblättchen garniert servieren.

BANANEN-NUSS-DESSERT

Zubereitungszeit: ca. 15 Min.
(plus Zeit zum Kühlen)

17 g E • 25g F • 29 g KH •
438 kcal/1841 kJ

Für 4 Personen

4 Bananen
1 El Zitronensaft
100 g ungesalzene Erdnusscreme (Peanut-Butter)
100 g Hüttenkäse
2 cl Bananenlikör
3-4 El feinen, braunen Kandiszucker
4-5 El ungesalzene Erdnüsse

1 Die Bananen schälen und in grobe Stücke schneiden. Sofort mit Zitronensaft beträufeln.

2 Anschließend mit der Erdnusscreme, dem Hüttenkäse und dem Bananenlikör in einen Mixer geben und nicht zu fein pürieren.

3 Den Kandiszucker unterrühren und die Masse auf vier Dessertteller verteilen.

4 Das Dessert im Kühlschrank 20-30 Minuten durchkühlen lassen. Die Erdnüsse grob hacken und unter die Creme rühren. Anschließend servieren, eventuell mit Bananenscheiben garnieren.

EIS MIT HONIGCREME

Wassermelonen zählen zu den Kürbisgewächsen und gelten damit strenggenommen als Gemüse. Ihr Fruchtfleisch ist süß und sehr erfrischend.

Die Ananasfrucht enthält das eiweißspaltende Enzym Bromelin. Deshalb sollte man bei der Verarbeitung von Ananas mit Milchprodukten nur Dosenfrüchte oder Ananassaft verwenden.

Naturjoghurt ist ein Sauermilchprodukt und wird aus eingedickter Milch gewonnen. Joghurt schmeckt würzig-säuerlich und ist äußerst gesund.

Honig hat beinahe die gleiche Süßkraft wie Zucker. Fester Honig kann durch Erhitzen wieder verflüssigt werden.

Zubereitungszeit: ca. 15 Min.
(plus Gefrierzeit)

3 g E • 6 g F • 40 g KH •
248 kcal/1041 kJ

Für 4 Personen

1 mittlere Wassermelone
(ca. 1,5 kg)
1/8 l Ananassaft
1 El Limettensaft
3 El Zucker
250 g Naturjoghurt
2-4 El Honig
abgeriebene Schale einer unbehandelten Orange und Zitrone
Zitronenmelisse zum Garnieren

1 Die Wassermelone halbieren, das Fruchtfleisch herauslösen, die Kerne entfernen und das Fruchtfleisch pürieren.

2 Das Melonenpüree mit dem Ananassaft, dem Limettensaft und dem Zucker verrühren und in Eiskugelbeutel (gibt es fertig zu kaufen) füllen.

3 Im Gefrierfach ca. 2-3 Stunden durchfrieren lassen. Für die Honigcreme den Joghurt mit dem Honig und der Orangen- und Zitronenschale verrühren.

4 Das Meloneneis mit der Honigcreme anrichten und mit Zitronenmelisse garniert servieren.